한국에
삽니다

* 이 도서의 국립중앙도서관 출판예정도서목록(CIP)은 서지정보유통지원시스템
홈페이지(http://seoji.nl.go.kr)와 국가자료공동목록시스템(http://www.nl.go.kr/korisnet)에서
이용하실 수 있습니다. (CIP제어번호: CIP2018031295)

COREA: APUNTES DESDE LA CUERDA FLOJA
by Andrés Felipe Solano
ⓒ 2014 Andrés Felipe Solano
c/o Schavelzon Graham Agencia Literaria
www.schavelzongraham.com
Korean Translation ⓒ EunHaeng NaMu Publishing Co., Ltd.
All rights reserved.

The Korean language edition published by arrangement with
Andrés Felipe Solano(c/o Schavelzon Graham Agencia Literaria).

이 책의 한국어판 저작권은
c/o Schavelzon Graham Agencia Literaria 소속 Andrés Felipe Solano와의
독점 계약으로 (주)은행나무출판사에 있습니다.
저작권법에 의해 한국 내에서 보호를 받는 저작물이므로 무단전재와 무단복제를 금합니다.

한국에 삽니다

안드레스 솔라노 지음
이수정 옮김

은행나무

한국어판 서문

이 책을 썼던 이태원의 2층 주택에는 3년 반 동안 한 번도 가보지 않았습니다. 지금 사는 곳에서 무척 가까운데도요. 2013년, 놀랍도록 낯설면서도 복잡다단한 삶을 살았던 그해, 그 집에서 미군 기지 방향으로 난 주방의 작은 창문을 통해 바깥을 바라보면서 수많은 오후를 보냈습니다. 문득, 1층에 살던 영어 강사는 어디로 갔는지 궁금해집니다. 생각만큼 나이 든 사람은 아니었습니다. 일주일에 두세 번, 그 집에서 나온 맥도날드 봉투를 집 앞 쓰레기 더미에서 봤을 뿐이지만요. 그 옆에는 목련 나무가 있었습니다. 지금은 없습니다. 서울에서의 첫봄을 만끽하게 해주었던 그 나무를 잘라버린 사람에게 지금 이 자리를 빌려 저주를 퍼붓습니다. 눈을 감으면 꽃향기와 함께 집으로 향하는 골목을 뒤덮은 꽃잎이 떠오릅니다. 가끔은 제정신으로, 가끔은 잔뜩 취해서, 어떨 땐 채소가 한가득 든 무거운 장바구니를 들고, 또 어떨 땐 읽던 책을 들고 올라가던 골목입니다.

그 집에 이사했을 때, 골목 끝 모퉁이에는 두 할머니가 운영하던 잔치 국숫집이 있었습니다. 몇 달 후, 그 자리는 러시아 식당으로 바뀌었습니다. 그곳을 운영하던 젊은 고려인 여주인은 종종 시어머니와 말다툼을 벌이곤 했습니다. 어느 날 아침, 문이 닫힌 가게 바닥에 깨진 맥주병이 즐비한 것을 보았습니다. 얼마 지나지 않아 가게는 수제 맥줏집으로 바뀌었습니다. 그다음에는 이탈리아 피자 가게가 되었습니다. 이도 오래가지 않았습니다. 자본주의의 승리에 대해 딱히 불평하려는 건 아닙니다만, 지금 그 자리에는 핵폭탄이 터진다고 해도 살아남을 GS25 편의점의 간판이 반짝입니다. 가끔 편의점 바깥벽에 설치된 나무 테이블에 앉아 지나가는 사람들을 구경합니다. 이제 거리에 미군들은 별로 없습니다. 올해가 지나면 미군 기지가 완전히 이전한다고 하더군요. 군인들 대신 한국의 젊은 연인들이 아이스크림을 손에 들고 느런 걸음으로 지나갑니다. 10년 전까지만 해도 이 동네가 우범 지역으로 분류되었다는 사실이 신기합니다. 이태원은, 서울은, 끊임없이 변합니다. 매년 새로운 가죽을 뒤집어쓰는데, 저는 이런 어지러울 정도의 변화에 당최 익숙해지지 않습니다. 예전보단 덜하지만, 아직도 6호선을 타고 공덕역에 다다르면 문득 주위를 둘러보고선 한숨을 쉽니다. 그리고 마치 처음인 양 질문합니다. '도대체 나는 여기서 뭘 하는 거지?' 이 책을 통해 답을 찾고자 했던 바로 그 질문입니다. 놀랍게도, 콜롬비아에서 이 책으로 중요한 상을 받았고 덕분에 남미의 많은 독자가 제 이야기를 읽게 되었습니다.

아시아 한구석에서 살고 있는 콜롬비아 작가의 삶에 관심을 가지는 사람들이 이렇게 많을 거라곤 생각도 못 했었는데, 나의 부유하는 기록들이 독자들의 마음속에서 오랫동안 울림을 만드는가 봅니다. 책이 출간된 이후 적어도 한 달에 한 번은 독자의 메시지를 받습니다. 여의도에서 탔던 택시에 관한 문단이나 KBS 라디오 아나운서로서의 일상에 관한 문단이 좋았다거나, 오후 다섯 시 서울에서 제가 느꼈던 감정을 그곳에서도 비슷하게 느꼈다는 내용입니다. 한국에 한 번도 와 보지 않은 사람들인데도요. 이제 드디어 이 글을 쓴 나라에서 책을 출판하게 되었습니다. 기분이 더욱 이상한 이유는 2013년의 하루하루를 함께했던, 그리고 지금도 함께 살고 있는 나의 아내가 책을 번역했기 때문일 겁니다.

얼마 전, 단 두 개의 여행 가방을 가지고 이태원의 집에 도착했던 일이 생각났습니다. 2년 뒤 그 집에서 다른 집으로 이사했을 땐 5톤 트럭에 살림을 가득 채웠지요. 이 책은 바로 그 이야기입니다. 황학동에서 구한 냉장고와 선운사 스님에게서 받은 작은 나무 불상과 어느 일요일 아침 남대문에서 발견한 키보이스의 엘피판과 종로에서 영화를 보고 나와 산 옛날 포스터 같은 것들을 위해 사계절 동안 우리가 해야 했던 일들에 관한 이야기, 그중에서도 특히 이 일상들 속에서 내 머릿속을 스쳐간 생각들에 관한 이야기 말입니다.

이 책이 나오기까지 함께 힘써준 은행나무 출판사와 원작 편집자 레일라 게리에로$^{\text{Leila Guerriero}}$, 문학번역원 고영일 부장님과 윤선미 교수님, 내 사랑하는 친구 진아, 보연, 아름, 존, 최창우, 손경호, 박민희, 골목 황대장님과 스트레인지 프룻 박지홍 사장님, 그리고 수정의 부모님께 감사드립니다.

물론, 세실리아에게도요.

2018년 10월
이태원에서

차례

한국어판 서문   4

겨울   11
봄   69
여름   121
가을   175

겨울

버스는 오전 일곱 시에 부산 터미널을 출발했다. 흰 벽에 붓을 칠하듯 경부고속도로를 활주했다. 커브가 거의 없었다. 같은 여정을 KTX로 오간 적이 몇 번 있었지만, 지금은 일을 구할 때까지 한 푼이라도 아껴야 한다. 서울까지 다섯 시간이 걸렸고 15분간 휴게소에 머물렀다. 수정은 이런저런 먹거리 중 주먹밥을 주문했다. 처음 주먹밥을 맛본 날, 수정은 내게 한국전쟁 중에 피난민들이 자주 먹던 음식이라고 알려주었다. 밥과 소금만 있으면 되니 쉽고 빠르게 만들어 먹을 수 있었기 때문이라고 했다. 하지만 나는 추위를 내쫓을 기름진 음식이 필요했으므로 핫도그를 시켰다. 한입 베어 물며 모니터에 표시된 기온을 보았다. 영하 15도. 법정에서 판결문을 듣는 기분이었다.

추위를 상대하는 적막한 싸움을 위해 나는 전투복을 입고 있었다. 양털 모자와 양말 두 겹, 긴 부츠, 스웨터에 코트, 거기에 특수 재질의 내복까지 장착했다. 장모님의 선물이었다. 살짝 광택이 있는 이 내복은 여성 속옷처럼 몸에 착 달라붙었지만 나는 개의

치 않았다. 중요한 건 완벽히 제 기능을 한다는 것이다. 문제는 다리 쪽의 물어뜯기는 듯한 추위였다. 개에게 물린다면 이런 느낌이겠지. 핫도그를 다 먹고 담배를 피우다가 한 한국전쟁 참전 용사의 이야기가 생각났다. 한국에 처음 왔을 때 썼던 기사로 5년 전쯤의 일이다. 변기와 파이프, 거울과 욕실 타일 따위를 판매하는 가게들이 즐비한 을지로 골목의 한 모퉁이에서 나를 기다리던 유 하사를 만났다. 군부대 마크가 새겨진 야구 모자에 기념 휘장 버클이 달린 허리띠를 차고, 넥타이 대신 바짝 끌어올린 푸른색 가죽 타이슬링을 걸고 있었다. 당시 나는 참전 용사들의 일을 관장하는 국가보훈처를 통해 그를 만났다. 예전에 시작했던 이야기를 끝맺기 위해, 60년 전 눈 덮인 길을 행군했던 이 한국인을 만나야 했다. 10년 전에 만났던 참전 용사 다닐로 오르티스$^{\text{Danilo Ortiz}}$ 병장도 그와 같은 길을 행군했었다. 1951년 콜롬비아 정부는 한국으로 분대를 보냈는데 그중에 오르티스 병장도 있었다. 3년간의 전쟁 중 반은 어깨에 통신 장비를 멘 채 보냈고 나머지 반은 중국군의 포로수용소에서 보냈다. 팔 안쪽에 푸른색 호랑이 문신이 있었고 왠지 음울한 수줍음을 탔다. 오늘 아침 휴게소에서, 파도처럼 몰아치는 추위의 한가운데에서 문득 생각난 건 유 하사와 오르티스 병장이 많이 닮았다는 사실이다. 둘 다 작은 마을에서 태어나 고등학교를 졸업하자마자 군대에 들어갔다. 가난이 그들을 입대로 이끌었다. 둘 다 통신병이 되었다. 유 하사는 전쟁 중에 왼쪽 집게손가락 첫 마디를 잃었고 오르티스 병장은 오른쪽 눈을 잃었다. 유 하사는 종전 무렵 영하 15도의 추위에서 발가락을 잃을 뻔했는데 북한군 포로가 밤새 손으로 녹여준 덕에 건질 수 있었다.

인터뷰 날 오르티스 병장은 '호랑이들'이라는 이름으로 불리던 자신의 부대 사진을 보여주었다. 10년째 내가 간직하고 있는 사진인데, 가끔 그 사진을 찍은 순간을 상상해보곤 한다. 전쟁터로 보내지기 직전이었다. 사진 속에는 부산의 한 술집에서 맥주병이 가득한 테이블을 앞에 둔 콜롬비아 병사들과 한국 여자들이 있었다. 병사들의 품에 안긴 여자 중 한 명은 립스틱을 발랐고 기하학무늬의 원피스를 입고 있었다. 소풍이라도 나온 것처럼 모두 미소를 띠었다. 막 결혼한 커플을 축하하는 듯한 분위기였다. 이 사진은 지금 여행 가방 안에 있지만, 곧 작업실에 걸어둘 것이다.

수정이 화장실에 간 동안 근처를 조금 걸었다. 모든 것이 눈으로 뒤덮여 있었다. 음료수 자판기마저 두꺼운 백색의 망토를 걸치고 있었다. 몇 명의 무리가 눈에 들어왔다. 스키를 타러 가는 듯 보였다. 세련된 스키 장비에 방한복을 입고 복잡해 보이는 모자를 쓰고 있었다. 그중 한 여자는 머리부터 발끝까지 덮이는 침낭 같은 옷을 입고 있었다. 진심으로 부러웠다. 나는 발가락을 움직여보았다. 문제는 없었다. 수정이 돌아왔고 우리는 다시 버스를 탔다. 창밖으로 수 킬로미터의 터널과 하얀 마을과 경작되지 않은 논밭, 앙상한 나무, 얼어붙은 호수가 지나갔다. 가와바타 야스나리가 쓴 《설국》 같은 소설이 한국에도 있지 않을까 생각했다. 어쩌다 보니 와버린 이곳, 온통 눈으로 뒤덮인 이 나라에 관한 책. 아내에게 물어보려 고개를 돌리니 수정은 잠들어 있었다.

*

서울 버스 터미널에 도착하니 정오가 되었다. 잡아탄 택시에서는 홀아비 냄새가 났다. 술과 담배에 절은 긴 밤을 보내고 무시무시한 두통에 시달리는 게 분명한 40대의 택시 기사는 우리가 살 새로운 동네, 이태원의 한 모퉁이에 내려주었다. 흩어진 눈 사이 야트막한 비탈길을 따라 50미터쯤 걸어 올라갔다. 코너마다 쌓은 더러운 눈덩이들과 이 눈을 삽으로 퍼내는 노인들이 있었고, 한국어와 영어, 그리고 아랍어로 적힌 구청의 재활용 쓰레기 안내문을 보았다. 새로운 생활의 시작을 알리는 신호였다. 여러 가구가 살 수 있게 나뉜 크고 오래된 집의 2층 문 앞에 가방을 내려놓았다. 우리가 살게 될 집이었다. 이때를 떠올리면 아직도 놀랍다. 열 블록 정도 떨어진 부동산 중개소에 열쇠를 가지러 갈 동안 대문 앞에다가 모두가 훤히 볼 수 있게 짐을 내버려 두었다니. 보고타였다면 광장의 비둘기가 떼로 몰려와 한 줌의 쌀알들을 먹어치우는 사이에 이미 가방은 없어졌을 것이다.

부동산 중개소에서 계약서에 서명하고 한 달 치 월세를 냈다. 다행히 집주인은 보증금을 깎아주었다. 그렇지 않았다면 서울 한가운데서 방 세 칸짜리 집은 구할 수 없었을 것이다. 이 동네에는 외국인이 많이 살아서 그런지 이런 부분에서 융통성이 있다. 다른 동네였다면 보증금으로 이천만 원 정도를 내야 했을 거다. 우리는 오백만 원을 보증금으로 걸었다. 서울에는 이억을 내야 하는 집들도 있다. 나로서는 엄두도 못 낼 금액이다.

*

해 질 무렵엔 옥상에 올라가 담배를 피운다. 아주 넓은 옥상인데, 여름이 오면 즐거운 공간이 될 것이다. 가능하면 고기 굽는 그릴과 플라스틱 의자와 화분을 몇 개 사야지. 옥상에서 보는 풍경도 기가 막힌다. 이태원은 서울의 중앙에 있다. 뒤로는 남산타워가 보이고 왼쪽으로는 이슬람 사원이 보인다. 정면에는 여러 모양과 크기의 지붕들이 교차하며 모여 있고 오른쪽으로는 미군 기지 언덕이 보인다. 어느 날, 미군 기지 벽에 걸린 팻말을 발견하고 나는 갑작스레 침울해졌다.

U.S. Government Property. No Trespassing.

(미 정부 소유지. 무단 침입 금지.)

미군 기지 구역은 뉴욕의 센트럴파크만큼이나 크다. 서울 복판의 검은 구멍이다.

*

아이가 있었다. 이전 세입자들에게 아이가 있었던 게 분명하다. 어렸을 것이다. 로케트와 행성들이 그려진 색 바랜 변기 뚜껑을 내버려둔 걸 보니 틀림없다. 우리에겐 아무것도 없다. 침대도 없고 냉장고나 소파, 책상은 더더욱 없다. 우리의 새 삶은 네 개의 여행 가방 안에 있다. 하지만 우리는 행복하며 두려움도 없다. 이러한 용기가 얼마나 갈지 누가 알겠느냐마는. 첫날 밤 겉옷을 베개 삼아 방바닥에서 잤다. 바닥을 데우는 한국의 온돌 시스템 덕분에 뜨뜻했다. 한국의 집들은 바닥 온도가 가장 먼저 올라간다. 내일은 매트리스를 사야지.

*

첫 행운이 찾아왔다. 서울 생활을 시작한 지 3일도 채 되지 않아 아내가 한 한국어 학원에서 강사 자리를 구했다. 부산에서 아내의 부모님과 살기 시작하고 얼마 후 불안감이 닥쳤었다. 그때의 우리 삶은 새로운 명령이 떨어질 때까지 유보된 진공포장 상태였다. 가끔 러시아 선원들로 붐비는 해변이나 야구장에 가곤 했는데, 살 집도 하나 없는 30대 부부라는 사실 때문에 공황장애가 오는 걸 막기 위해서였다. 수정의 새 일자리의 가장 좋은 점은 집에서 버스로 15분 거리에 있다는 것이다. 물론 그걸 고려해서 택한 건 아니었고 딱히 다른 일이 없었다. 이제 두려움 없이 우리가 모은 돈을 써도 된다. 인터넷으로 테이블과 의자를 주문했다. 다시는 무릎 위에 접시를 놓고 식사하지 않을 것이다.

오후에는 동묘에 가서 중고 냉장고와 세탁기를 샀다. 이사를 축하하기 위해 외식을 하기로 하고 고깃집에 갔다. 돼지고기 한 점을 되직한 양념에 폭 찍어다가 깻잎에 싸서 입에 넣었다. 맥주도 주문했다. 몇 주 전까지 난관에 빠져 있었던 우리의 미래를 위해 건배도 하고 몸을 데우기도 할 겸 소주를 시켰다. 조금 취해서 집으로 돌아왔다. 집 앞 모퉁이에서 외박 나온 미군들이 시끄럽게 대화하는 것을 보았다. 수정의 말에 따르면 몇 년 전까지만 해도 이 동네는 술 취한 미군들이 무장한 채로 싸움을 일으키던 우범 지역이었다. 이들은 우리 집에서 조금 떨어진 '후커 힐'에 모여들었다고 한다. 후커 힐은 집에서 몇 분 떨어진, 작은 사창가들이 있는 거리다. 지금은 예전만큼 미군들이 보이지는 않는다.

이태원은 언제나 현지인과 외국인이 만나는 곳이었다. 모든 삶의 길들이 교차하는 이 동네에 집을 구할 때까지 기다린 건 잘한 일이었다. 얼키설키 얽힌 골목에선 매일 다양한 개성을 가진 영어 선생과 이슬람교도 그룹과 나이 많은 한국인 가족과 우리처럼 국제결혼한 부부를 만날 수 있다. 맞춤 양복점도 있고, 상어·타조·악어·장어·도마뱀 가죽 구두를 파는 '밥^{Bob}' 같은 가게도 있다. 뉴욕풍 중국요리와 일본 맥주를 파는 곳도 있으며 메뉴가 한두 개뿐인 오래된 한국 식당도 있다. 메밀국수나 족발 전문점 같은 곳들이다. 이태원엔 5성급 호텔도 있고 아주 작은 창문이 하나 달랑 있는 집도 있다. 대부분이 짙은 색 벽돌 주택이고, 거대한 바위와 호랑이, 혹은 숲속의 사슴 같은 것을 새긴 철 대문을 달았다. 서울 시내에서 지하철로 한 시간 정도 떨어진 깔끔한 교외에 집을 구했더라면 옵션 완비에 관리비도 포함된 아파트에 살 수 있었을 테지만, 껍데기만 남은 영혼 없는 거리를 걸어야 했을 것이다. 이 거리에서 한국의 록 음악이 탄생했다는 사실이 나는 감개무량하다.

*

며칠 전부터 수정에게는 새로운 일과가 생겼다. 아침에 나가서 밤 9시까지 들어오지 않는다. 나를 낯선 초조함으로 이끄는 길고 적막한 시간이다. 오늘은 집안일을 하며 이 시간을 보냈다. 선불교 수련생의 집중력으로 먼지를 털고 이불을 세탁하고 방 세 칸을 걸레질하며 머릿속 원숭이 놈의 기분을 전환했다. 그리고 나서 빌헬름 게나치노의《평범한 향수 _Mittelmäßiges Heimweh_》를 읽기 시작했다. 한 번도 들어본 적 없는 이 독일 작가의 책을 마드리드에서 샀다. 길 잃고 부유하는 결혼 생활을 하는 40대의 우울한 남성 디터 로트문드의 이야기를 읽기 시작했지만, 예상과 달리 나락으로 떨어질 것 같은 우울함을 느끼지는 않았다. 책의 시작은 이러하다. 한 술집에서 유로컵 축구 경기를 보던 중 로트문드의 귀가 떨어진다. 바닥에 떨어진 귀를 그대로 두고 로트문드는 생각에 잠긴 채 집으로 돌아간다. 피도 없고 어떠한 설명도 없다. 오직 휴짓조각과 담배꽁초와 먹다 버린 음식들로 가득한 술집 바닥의 한가운데 떨어져 있는 한쪽 귀, 그리고 그 기묘함뿐이다.

*

오후에는 수입 식료품을 파는 슈퍼마켓에 갔다. 이슬람 사원으로 가는 길에 있다. 중동과 동남아의 이슬람교도들이 지나다녔다. 생활 속 현상학의 주의 깊은 관찰자로서 식탁 위 샐러드의 과거와 현재와 미래에 대해 질문을 던지는 일상의 영웅 로트문드를 생각하며 길을 걸었다. 슈퍼마켓에 들어가서 쿠스쿠스와 산딸기 잼, 토마토소스와 치킨 티카 마살라 한 봉지를 샀다. 계산대의 파키스탄인이 말하는 가격을 제대로 이해하지 못했다. 3만6천 원이라고 하는 것 같아서 만 원짜리 지폐 네 장을 내고 거스름돈을 받았다. 나오면서 영수증을 확인하고서는 돈을 더 냈다는 걸 깨달았다. 2만6천 원이었다. 로트문드가 된 기분이었다. 나는 곧 벌어질 전투를 떠올렸다. 돈을 돌려받기 위해 부러 강하게 내보인 짜증과 화가 섞인 싸움이었다. 그러나 내 기대는 어긋났다. 남자는 즉시 실수를 인정하고 평화로운 미소를 띠며 사과했다. 나오는데 기분이 이상했다. 무엇을 어떻게 해야 할지 몰랐다. 피 속에서 차올라버린 약간의 아드레날린은 어떡하지. 세상이 아무 문제없이 돌아가고 있다는 걸 받아들이는 데에는 시간이 걸렸다.

*

무시무시한 속도로 돈이 증발하고 있다. 남미의 잡지와 언론사에 제안할 기사를 더 생각해내야 한다. 한국 음식에 관련된 기사와 처가 식구에 관한 기사는 이미 쓴 적이 있다. 양질의 기삿거리를 제공하기 위해 개인적인 이야기를 조금씩 가져다 써야 할 판이다. 다행히 아직은 한국문학번역원에서 주는 소일거리들이 있다. 스페인어로 번역한 한국 소설을 감수하는 일이다. 아직 진심으로 감동한 작품은 없다. 모두 숨이 막힐 듯한 사실주의에 허덕인다. 대부분 전후 30년가량 지속되었던 독재 정권이나 학생운동과 관련된 고통과 비극에 관한 이야기다. 뻔한 이념적 골조가 너무 강하다. 지금까지 읽은 것 중에 가장 좋았던 책은 이순신 장군에 대한 소설인 《칼의 노래》다. 콜롬비아에서 읽었다. 한국에 올 때 부적처럼 챙겨왔다. 내게 행운을 가져다주리라 믿으면서. 한국에서 가장 훌륭한 '마음의 양식'이 절실하다. 이곳에서 대체 내가 뭘 하는 건지 조금이라도 이해할 수 있도록.

*

다음은 내가 서울에 자리를 잡은 후 버스나 지하철, 그리고 가게나 식당에서 본 신기한 것들에 대한 목록이다.

· 남자들이 발목 양말을 엄청 많이 신는다.
· 길거리에서 담배를 피우는 여자는 거의 없다.
· 치킨 집에서 주문하면 나오는 닭들을 보건대, 한국의 닭들

은 난쟁이 종자인 게 틀림없다.
- 어떤 커플들은 (청소년도 아닌데) 같은 티셔츠나 같은 운동화, 혹은 같은 모자를 착용한다.
- 데오도란트를 파는 곳이 드물다. 어쩌면 한국 사람들은 땀을 흘리지 않는지도!
- 데오도란트를 발견한 유일한 곳은 영어 책을 파는 서점의 계산대였다.
- 옥수수 맛 아이스크림과 솔잎 맛 음료수가 존재한다.
- 승용차의 90퍼센트가 까만색, 은색, 혹은 흰색이며 당연히 한국산이다.
- 남자 회사원들에게 매일의 면도는 불문율이다.
- 여자 회사원들에게 힐은 암묵적 의무이다.
- 아이들이 혼자 걸어서 하교한다.
- 지하철의 고요가 교회의 고요 같다.
- 간단한 의약품을 배달해주지 않는다. 콜롬비아에서는 전화 한 통으로 아스피린이나 락사토르*를 배달시킬 수 있다.
- 40대 이상 남성의 국민 스포츠는 길바닥에 침 뱉기다.
- 길에 쓰레기통이 거의 없다. 그런데도 비교적 깨끗하다.
- 자기 명함을 갖는 것은 휴대전화를 갖는 것만큼 중요하다.

---
* 완하제.

내 명함에 들어갈 직함을 생각하면 너무 웃겨서 쓰러질 지경이다. '작가'라니.

*

가끔 콜롬비아 정부에서 이메일이 온다. 「건강보험 미납 고지」

*

수정과는 잘 지낸다. 하지만 그 때문에 빌헬름 게나치노가 내 얼굴에 공을 던진다. 지난번 읽었던 소설이 날리는 한 방의 펀치다.

"마침 그날, 웨케 여사가 사무실에서 말했다. '실패한 결혼 생활이란 유아기 질병 같은 게 되어 버렸어. 모두가 한 번은 경험해야 하지. 볼거리나 홍역 같은 건데 한 번만 치르면 다시는 재발하지 않아.'"

*

오늘은 음력으로 12월 31일이다. 내일 검은 뱀의 해癸巳年가 시작된다. 전통에 따르면 오곡밥과 나물과 견과를 먹어야 한다. 호두를 부술 때 나는 소리가 귀신을 쫓게 되어 있다. 호두를 엄청 많이 먹었다. 집중해서 천천히, 그러나 큰 소리를 내며 깨물어 먹었다. 그리곤 일찍 잠자리에 들었다. 우리는 게으르고 나약하고 지루한 인간들이니까. 하지만 그건 확실하다. 불꽃놀이를 보러 한강으로 나가기엔 추위가 너무나 매섭다는 것.

*

오늘은 내 생일이다. 지인을 몇 명 초대했다. 그들은 생굴과 위스키를 가져왔다. 뭔가 글래머러스한 생일 파티같이 들리지만, 실상은 다 같이 방바닥에 둘러앉아 먹었다. 아직 가구를 다 갖추지 못했기 때문이다. 초대된 사람 중 하나는 유명한 드럼 연주자로, 한국의 찰리 와츠다. 나보다 조금 나이가 많은데 항상 자신의 스타일로 우아하고 말쑥한 차림새다. '미스터 와츠'는 집안으로 들어서자마자 우리 집의 '미니멀한' 데코레이션을 둘러보며 건성으로 칭찬했다. 식사를 하며 컴퓨터로 음악을 들었다. 술을 마셨고 몇 해 전 도쿄에서 사 온 사진 책을 구경했다. 특이한 사진집이었다. 60년대 도쿄 가부키초 부근의 거리에서 사람들을 찍은 사진이었다. 창녀, 트랜스젠더, 음악가, 웨이터, 군인, 건달의 사진 말이다. 몇십 년 전에는 이태원도 그런 모습이었을 것이다. 버클리에서 음악을 공부했고 영어도 곧잘 하는 미스터 와츠에게 요즘 뭐 하냐고 물었다. "딱히 뭐……" 그가 대답했다. 오후에 일어나 생선과 찌개에 점심을 먹고 와인을 마신다고 했다. 가끔 드럼을 치거나 제프 백의 음반을 듣는다고 했다. 그게 다였다. 미스터 와츠는 수정의 친구인 민희와 같이 왔다. 예쁜 데다 강한 인상을 풍기는 민희는 동네에서 보이는, 하이힐에 큼지막한 명품 가방을 든, 과도하게 여성스러운 한국 여자들과는 아주 다른 모습이다. 민희는 정가를 부른다. 생일 선물로 자신의 음반을 주었다. 음반 표지는 석조 조각들 사이 전통 의상을 입은 민희의 옆모습 사진이었다. 그녀는 검은 얼음 조각 같은 눈을 가졌다. 아내와 같은 대학에서 공부했다. 같이 수업을 들었고 함께 공연도 했다. 수정은 수년 전 음악을 그만두었다. 수정이 화장실에 간 사이, 민희는 내게 수정은 대학에서 뭔가 전설적인 인물이라는 얘기를 들려주었다. 서울대학교 최초의 국악 타악 전공자라고 했다. 나는 그 사실을 몰랐다. 콜롬비아에서 수정은 모래시계처럼 생긴 드럼을 갖고 있었다. 낡은 세월만큼 오래된 소리가 나는 악기였다. 나는 가끔 음악을 하던 시절이 그립지 않으냐고 묻곤 한다. 그녀는 남미 투어 때 악단 대표가 국악기로 '엘 콘도르 파사 El Condor pasa'를 연주하라고 시킨 이후로 음악을 그만두었다. 지금은 학원에서 외국인에게 한국어를 가르친다. 수정은 집에 돌아올 때마다 항상 기분이 좋아 보인다. 언제나 내면이 평화로운 것 같다. 부럽다. 낮 동안 내 기분은 외줄 위에 선 것처럼 균형을 맞추기 위해 출렁거린다. 내가 강의를 할 수 있다면 매월 말 통장 잔액이 부득이하게 0원을 찍는 일은 없을 것이다. 여하간 사는 게 조금 쉬워질 것이다. 월세를 내기 위해 잡지사에 기삿거리를 팔거나 이것저것 닥치는 대로 써내지 않아도 될 것이다. 월급이란 걸 받아본 지 5년이 되었다. 5년. 한때는 연금과 건강보험도 있었다. 아 끔찍해라, 이 일기가 예배당의 의자가 되어가고 있다. 불평을 늘어놓다가 눈물 콧물 흘리며 끝나는 곳. 정말이지 고아가 된 이 기분을 진정시키는 데 겨울은 전혀 도움이 안 된다.

초대 손님들은 새벽 4시에 떠났다. 와츠와 영화를 보러 가기로 했다. 아무 생각 없이 민희의 볼에 입을 맞추며 작별 인사를 했다. 한국에선 아주 이상한 행동이다. 친구들 사이에서조차도. 장모님과 처음 작별 인사를 할 때 똑같이 했는데, 그때 장모님의 놀란 얼굴이란. 여기서는 포옹도 하지 않는다. 공손한 고개 인사, 손을 머리 위로 들기, 미소와 함께 어깨 두드리기가 전부여야 한다. 입맞춤은 절대 없다. 그러나 내 잘못은 아니다.

*

"그해 겨울은 추웠고 눈이 많이 내렸다. 마을의 길들은 끊어졌고 인기척이 없었다. 얼어붙은 세상의 빙판 위로 똥차들이 마구 달렸다. 나는 무서워서 겨우내 대문 밖을 나가지 못했다. 나는 인간에 대한 모든 연민을 버리기로 했다. 연민을 버려야만 세상은 보일 듯싶었다. 연민은 쉽게 버려지지 않았다. 그해 겨울에 나는 자주 아팠다."

_김훈,《칼의 노래》

*

작업실에서 이웃의 대화가 들린다. 옆집에 몇 명이 사는지 모르겠다. 꽤 많은 것 같다. 군부대나 부족 하나가 통째로 사는 것 같다. 다섯 살배기 여자아이 하나가 있는 건 알고 있다. 그 아이는 나도 아는 단어를 말한다. 아빠. 내 한국어 실력은 유아기를 조금 벗어난 수준이다. 술집에서 맥주를 주문하고 재떨이를 부탁하는 수준의 아기. 아주 가끔 복잡한 길거리나 지하철 문 앞에서 두려움을 잊고 입을 연다. 어쩌다가 배운 말도 안 되는 문장이 뇌에 들러붙어 식당의 식탁이나 의자 아래에 붙은 껌처럼 비밀스러운 삶을 산다. 예를 들어 이런 문장들 말이다.

"죽을 시간 있어요?"

*

문득 수지가 생각났다. 버스에서 만난 모르몬교도다. 온 동네를 뒤덮은 눈 때문일 수도 있다. 이렇게 많은 눈을 마지막으로 본 게 샌프란시스코에서 뉴욕으로 가는 버스 안이었기 때문일 수도. 네바다주의 버스 정류장들은 새하얗고도 새하얀 모습이었다. 수지. 수. 수잔. 혹은 〈트윈 픽스〉 주인공 이름과 같은 수잔느. 그날 밤 그레이하운드 버스에서 내 귀에 바싹 붙어 있던 입술. 솔트레이크 시티의 버스 정류장에서 작별 인사 대신 호텔로 가자고 내게 제안해줬다면 얼마나 좋았을까. 그 여행에 관해 썼던 기사를 찾아봐야겠다. 수지가 나오는 부분을 다시 읽고 싶다. 미국을 횡단했던 그해 12월로부터 2년이나 지났지만, 아직도 그 추위와 피곤함과 배고픔을 느낄 수 있다. 수천 킬로미터가 떨어진 이곳, 한국의 적막한 아침에 떠올려본다. 수지.

*

식사를 위해 정차한 휴게소 식당에서 승객 몇 명이 우리를 쳐다본다. 한 근시의 노인이 수지를 창녀라고 생각한다는 걸 나는 안다. 인내심 가득한 나비 채집가처럼 네바다주를 돌아다니면서 고객을 모으는 창녀라고. 나를 부러워한다는 것도 안다. 식당 창문 너머로 밖을 바라보았다. 검은 하늘 외에는 모두 하얗게 뒤덮인 땅이다. 도로의 가로등만 반짝인다. 그게 전부다. 지금 우리가 정차한 이 마을은 50번 도로와 만난다. 미국에서 가장 고립된 도로로 알려져 있다. 이 도로는 루스^{Ruth}와 같은 마을들을 연결한다. 겨우 440여명의 주민이 사는 촌락이다. '아무것도 없는 곳에 있어.' 비밀을 말하듯 목소리를 낮춰 반복한다. 빈 곳의 비애를 느낀다. 우주를 여행하는 우주비행사와 비슷한 기분이다. 다시 버스로 돌아갈 때 먼저 말을 건 건 나였다. 버스는 유타주의 소금호수를 가로지르고 다른 사람들 모두가 잠을 잘 동안 우리는 대화를 나누었다. 수지가 내 귀 가까이 입술을 갖다 댔다. 남자 친구가 청혼했다고 한다. 자기가 보기엔 너무 이른 것 같다고 했다. 만난 지 겨우 석 달 밖에 안 되었다며 내게 약혼반지를 꺼내 보여주었다. 필통 속에 감춰둔 것이었다. 수지는 청혼 받은 사실이 그다지 자랑스럽지 않다고 생각하는 것 같다. 작은 가방 속에서 약혼자가 준 것을 꺼내 나에게 보여주었다. 사고가 일어날 경우를 대비해 챙겨준 작은 응급 용품 세트다. 우리는 어스름한 불빛 아래에서 마스크와 호루라기, 손전등을 보며 웃었다. 수지가 웃는 모습이 좋았다. 우리는 잠시 조용해졌다. 차창 밖으로는 어둠이 굶주린 고래처럼 모든 것을 집어삼키고 있었다. 잠을 좀 자야겠다고 생각할 무렵, 수지는 자기가 신이라면 거대한 지팡이로 세상

한가운데를 내려쳐서 모든 대지가 작은 섬이 되게 할 거라고 말했다. 모든 사람은 각자의 섬에서 행복하게 살 것이다. 수지의 섬에는 곰은 살지 못하게 할 거라고 했다. 곰이 무섭다고 말했다. 아까는 남자 친구가 곰을 닮았다고 했었다. 수지에게는 결혼할지 말지를 생각할 시간이 3개월 정도 있었다. 빵을 안 좋아해요. 눈을 붙이기 전에 마지막으로 한 말이다. 두 시간 후 버스는 솔트레이크시티에 정차했다. 아직 밤이었다. 젊은 성도 수지가 모르몬교 사원을 가리켰다. 은행처럼 생긴 건물이었다.

*

추위가 한발 물러섰다. 그래서 오후에는 경복궁 근처 서점에 갔다. 서울에서 가장 큰 문구점이기도 했다. 사려던 물건을 찾으려다가 과학 실험 용품 같은 것들로 가득한 진열대에서 걸음을 멈추었다. 한 코너에 진열해놓은, 살아 있는 개미들이 가득한 투명한 상자를 보았다. 개미가 어떻게 땅을 파는지 아이들에게 보여주기 위한 것이었다. 개미들은 자신들의 감옥을 이루는 물질을 먹어치우면서 구멍을 판다. 어떤 상자에는 더 많은 구멍이 나 있는데 개미들이 느린 속도로 힘겹게 일을 하고 있었다. 일을 하지 않는 개미들은 경직되어 있었다. 옆에 있던 여자가 불쌍하다는 표정을 지으며 영어로 중얼거렸다. 한국 회사원들 같네. 여자에게 말을 걸어야겠다고 생각하고 돌아봤을 땐 이미 가 버리고 없었다.

*

집안에 자리를 잡은 가족들이 조금씩 늘어난다. 화분, 빵 칼, 타올. 나와 함께 있어 줄 상냥한 집안 용품 친구들. 소심한 소비자의 소소한 즐거움이다. 좋은 가격에 산 좋은 제품보다 위안을 주는 건 없다. 서울에선 노력하면 이 두 가지를 충족시키는 물건들을 수도 없이 찾을 수 있다. 얼마 전엔 수동 커피 그라인더를 샀다. 금속의 그라인더 내부에는 단단한 세라믹 부품이 있다. 아침마다 이 제품을 사용하는 것만으로도 하루가 달라진다. 내 정신에 믿음을 불어넣는다. 요즘처럼 얼어붙을 것같이 추운 날에는 신앙이 필요하다.

*

두어 시간 전, 여고생 강간을 시도했다. 모든 일은 자정에 아내의 사촌 조카에게서 걸려온 전화 한 통으로 시작되었다. 영화 출연 제의가 들어온 것이다. 나는 잠을 이룰 수 없었다. 어쩌면 나는 연기의 신일지도 모른다. 올해 우수연기상 후보에 올라 부산국제영화제의 초청을 받을지도 모른다. 량차오웨이나 서기를 알게 되어 같이 술을 마시다가 함께 영화를 찍지 않겠냐는 제안을 받을지도 모른다. 치명적인 삼각관계 이야기로 나는 대사가 거의 없다. 내가 나오는 장면에서 나는 보통 담배만 피우고 있다. 감독은 허우샤오셴. 이 모든 걸 잠들기 전에 생각했다. 환상에 젖어 약간의 두려움을 동반한 흥분을 감출 수 없었다.

아침 9시까지 연세대학교로 오라는 연락을 받았다. 정시에 도착했다. 선글라스를 쓰고 택시에서 내리는 내 모습이 바보 같다고 생각했다. 내 데뷔 무대를 기다리던 촬영팀은 나를 보면서 놀라야 할지 무시해야 할지 모르는 표정을 지었다. 스태프는 총 다섯 명이었다. 당연했다. 초저예산 영화였다. 수정의 사촌 조카인 류에게 인사했다. 마음에 드는 친구다. 22살 정도 되었을 것이다. 10대 때 고등학교를 그만둘 정도로 배짱이 있었다. 검정고시로 졸업장을 따고 영화학교에 들어갔다. 수능의 지옥에서 스스로 벗어났다는 이유만으로 나의 존경을 받을 가치가 있다.

그들은 먼저 한 강의실로 나를 데려갔다. 마흔쯤 되어 보이는 감독이 기다리고 있었다. 내 역할이 제자와 관계를 맺는 외국인 교수라는 걸 그가 영어로 설명했을 때, 데뷔 무대가 이렇게 극단적이어도 되나 하는 생각을 떨칠 수가 없었다. 무명에서 불명예로 직행. "오케이, 하겠습니다"라고 응답했을 때까지만 해도 진짜로 벌어질 일에 대해선 예상치 못했다. 감독은 다른 배우들을 소개했다. 비사교적인 표정을 한 젊은이들이었다. 내가 꼬실 여배우는 확실히 동양 표준보다는 육감적인 몸을 가지고 있었다. 감독은 나에게 몇 줄의 영어 대본을 주었고, 나는 10분도 채 지나지 않아 카메라 앞에 섰다. 수업이 끝나고 다른 학생들이 모두 강의실을 떠난 뒤, 여학생에게 다가가 음탕한 말 몇 마디를 던져야 했다. 첫 컷에서 목소리가 떨리는 게 느껴졌다. 감추려고 노력했지만 소용없었다. 대사를 끝내자 감독은 박장대소했다. 야구 모자를 돌려 쓴 뚱뚱한 촬영감독도 마찬가지였다. 나는 속으로 저주를 퍼부었다. 감독은 내게 자신감을 가지고 자연스럽게 연기해보라고 말했다. 같은 장면을 다섯 번 정도 반복했다. 다음 장면에서는 여학생 뒤로 다가가야 했다. 등에 내 가슴을 딱 붙이고 다시 더러운 말들을 내뱉어야 했다. 원칙적으론 아까보다 긴장이 풀리는 게 맞다. 나는 지금 한국에서 영화를 촬영하고 있다! 더 잃을 것이 없다! 하나, 둘, 셋, 액션. 엉망진창이었다. "성폭행을 시도하라고! 어루만지지 말고!" 감독이 소리쳤다. 두 번을 반복했다. 세 번째 촬영. 지친 상태로 여학생의 가슴을 만졌다. 곧바로 여학생의 목이 딱딱하게 굳으며 불편해지는 게 느껴졌다. 감독이 펄쩍 뛰며 좋아했다. "바로 그거지! 좋아, 좋아! 한 번만 더 갑시다." 내가 다시 손을 여학생의 가슴에 갖다 댔을 때 느껴진 감독의 기쁨이란.

점심 식사를 위해 잠시 촬영을 멈추었다.

새우볶음밥을 앞에 두고, 류와 우리가 처음 만난 날을 이야기했다. 류의 외삼촌, 그러니까 수정 사촌오빠의 집에서 취해 돌아왔던 날이다. 부산 근교였다. 명절이라 가족이 다 모인 날이었다. 그날 나는 공식적으로 성주 이李가의 족보에 올랐다. 아침에는 과일, 생선, 돼지고기, 문어, 계란, 전통 과자 등등이 올려진 상을 앞에 두고 류와 삼촌들과 사촌들 그리고 나까지 나란히 조상에게 절을 올렸다. 여섯 번 정도 몸을 깊이 굽혀 절했다. 손을 앞으로 모으고 무릎을 꿇은 다음 얼굴을 바닥까지 붙인다. 내 옆에서 절하던 젊은 친척이 자신의 할아버지와 아버지가 그랬듯 족보를 보관하게 되리라. 제사에는 남자들만 참여했다. 내 아내를 포함한 여자들은 다른 방에서 기다리고 있었다. 예전에는 여자들이 결혼하면 호적에서 제외되었다고 한다. 절을 한 뒤에는 허허벌판이 내려다보이는 베란다 창을 앞에 두고 다 같이 모여 앉아 이야기를 나누었다. 집주인인 수정의 사촌이 반주로 소주를 마시고 싶은지 와인을 마시고 싶은지 물었다. 나는 북한에서 왔다는 뱀술을 골랐다. 그리하여 오후 세 시, 나는 '이' 씨 집안사람으로서 첫 공식 행사를 마치고 반 정도 취하여 그 집을 나왔다. 사실, 20세기 초반에 부자가 된 사람들이 몰락한 양반들의 족보를 사거나 성을 바꾸었기 때문에 지금에 와서 족보는 그다지 중요하게 여겨지지 않는다고 한다.

점심 식사를 마치고 다시 촬영장, 그러니까 강의실로 돌아왔다. 두 장면 정도를 주변에서 찍고 학교를 나왔다. 다음 촬영지는 감독의 아파트였다. 그곳에서 나의 연기력이 폭발할 것이다. 차 안에서 촬영감독은 대강의 시나리오를 알려주었다. 여학생의 고등학교 동창이 어떠한 연유로 집을 나왔다가 결국에는 북한으로 도망친다는 이야기. 정치적인 터치가 가미된 순수 드라마다. 나는 섹스코미디인 줄 알았는데.

아파트는 촬영을 위해 2주 동안 아지트로 활용되던 중이었다. 아무렇게나 던져진 옷, 먹다 만 음식 봉지, 더러운 컵들 열두어 개. 난장판이었다. 다른 장면을 찍느라 거의 한 시간을 대기했다. 다섯 시경, 내가 나오는 장면의 촬영이 시작되었다. 문제의 여학생이 아파트에 들어올 때까지 기다렸다. 방에 도착하자마자 여학생을 제압해서 침대 위로 내던져야 했다. 여학생의 옷을 벗기려는 찰나, 친구 역을 맡은 통통한 배우가 나타나 겁에 질린 채 나를 덮치기로 했다. 촬영은 일곱 번 반복되었다. 여덟 번이었을 수도 있다. 감독은 할 때마다 더 폭력적으로 연기하라고 주문했다. 마지막 촬영에서 여학생과 실랑이를 벌이다 나도 모르게 여학생을 밀치는 바람에 그녀가 옷장에 부딪혔다. 옆에 있던 친구가 나를 할퀴었다. 광란의 3분이었다.

방 안은 폭풍이 지나간 것 같았다. 촬영이 끝나자마자 나는 여학생에게 사과했고 친구는 내 볼의 핏자국을 닦으라며 휴지를 건네주었다. 소파에 앉으니 피로가 밀려왔다. 배우라는 직업은 무자비하고 피곤하며 가끔은 스스로 저열하고 수치스러운 것이구나. 촬영팀에게 작별 인사를 했다. 류는 택시까지 마중 나왔다. 곧 쫑파티를 하니 그때 다시 연락하겠다고 하고서는 돈이 들어 있는 봉투를 내밀었다. 택시에서 세어보니 20만 원이었다.

*

바비큐를 먹고 계산대에서 돈을 냈다. 한국의 일반적인 지불 방식인데 웨이터가 계산서를 갖고 오기를 영원히 기다리지 않아도 되는 위대한 발명이라고 할 수 있겠다. 아무튼, 계산대에서 돈을 내고 본능적으로 이쑤시개 통을 찾았다. 항상 계산대 근처에 있다. 영수증을 받아 들고 중년 남자답게 작은 나무 조각으로 이 사이를 쑤시며 나온다. 언젠가부터 고기를 먹고 나면 십중팔구 오른쪽 어금니에 고기 조각이 끼어 성가시게 한다. 익숙한 솜씨로 이쑤시개를 몇 번 움직이면 10초 안에 빼낼 수 있다. 나 자신이 이쑤시개를 입에 문 남자라고 생각하니 좀 이상하다. 점심 식사가 끝나면 이쑤시개를 물던 아버지가 왠지 불편했던 게 기억난다. 나는 이제 눈을 감으면 떠오르는 그때 그 시절 아버지의 모습과 같은 나이가 되었다. 우리 둘 다 중년의 모습이다. 아버지는 곧 65세가 된다. 콜롬비아에 돌아가면 아버지에게 다음과 같이 말할 것이다.

"한국엔 초록색 플라스틱 이쑤시개가 있는데 너무 싸구려라 자주 부러져요. 어느 날, 고기를 빼내다가 이쑤시개 조각이 어금니에 박혀버렸어요. 어쩔 줄을 몰랐는데 알고 보니 그 이쑤시개는 플라스틱이 아니라 녹말이라 먹어도 되는 거였어요!"

어쨌든, 나는 언젠가 어느 공항 패스트푸드점에서 보았던 프랑스 노인처럼 되는 게 아닐까 하고 생각했다. 옆에서 점심을 먹던 그 노인은 셔츠 주머니에서 상자를 하나 꺼냈다. 상자를 열어 번쩍이는 은 이쑤시개를 꺼내더니 치아를 하나하나 청소했다. 이를 쑤실 동안 주의를 기울여 다른 쪽 손바닥으로 입을 가렸다. 우아함과 쇠잔함의 완벽한 조화였다.

*

종종, 글을 쓴다는 것이 얼마나 이상한 것인지에 대해 생각한다. 글을 쓰는 행위는 멈출 길 없는 악습이 되어 버린다. 비대하고 탐욕스러운 글의 신은 더 많은 제물을 요구하고 또 요구한다. 때마침, 버스에서 읽고 있던 책에서 그 길이 펼쳐졌다.

"이렇게 극단적으로 불균형한 신체를 지녔음에도 불구하고 스윈번은 어릴 때부터, 특히 발라클라바에서의 공격에 대한 기사를 신문에서 읽고 난 뒤부터는 늘 기병대에 입대하여 멋진 검객Beau Sabreur으로서, 그 터무니없는 전투와 비슷한 전투에서 목숨을 잃은 병사처럼 죽고 싶다는 꿈을 꾸었다. 옥스퍼드에서 공부하던 시절에도 그는 미래에 대해 생각할 때 이 꿈이 가장 멋지다는 생각을 떨쳐버리지 못했지만, 발달이 부진한 신체 탓에 영웅적인 죽음을 향한 희망이 완전히 좌절되자 결국 자신을 문학에 가차 없이 내던졌고, 이 또한 자기 파괴의 극단적인 형태라는 점에서 영웅적 죽음에 비해 전혀 손색이 없었다."

_W. G. 제발트, 《토성의 고리》

*

장모님이 상자를 하나 보냈다. 식탁에 올려 열어보니 소소한 보물들이 들어 있었다. 얼린 게 여섯 마리와 오징어 세 마리가 담긴 비닐봉지 하나, 곶감 한 봉지, 해바라기 씨와 깨와 아몬드를 꿀에 절여 만든 강정, 커다란 배 세 알, 먹기 좋게 썰어서 얼린 오리고기 1킬로그램, 그중에 반은 장모님의 특제 양념에 절인 것. 다 꺼 낸 후 상자를 버리려던 찰나, 밀봉된 작은 노란 봉투를 발견했다. 아내에게 보여주었더니 흠칫 놀라는 표정으로 말했다. "발견했으니 다행이네, 버렸으면 큰일 날 뻔했어." 빛에 대고 봉투 안을 들여다보니 작은 종이에 붉은 글씨로 복잡한 문장이 쓰여 있었다. 한자였다. 어머니가 무당을 찾아가 서울에서의 우리 미래를 물었고, 무당이 우리를 위해 부적을 써주었다는 것이었다. 예전에 장모님은 비슷한 이유로 스님에게도 찾아간 적이 있다. 통일교 목사에게만은 안 찾아가셨길. 문선명의 신도들에게는 미안하지만, 자신을 메시아라고 일컫던 그 사람은 탈세로 감옥에 갔고, 종교와 관련된 수많은 사업 중 하나는 그의 아들이 설립한 총을 만드는 회사 카 암즈$^{\text{Kahr Arms}}$이다. 아무튼, 수정은 봉투를 가져가 비밀 장소에 보관했다.

*

나는 지금 계좌를 만든 외환은행의 한 지점에 있다. 인체공학적으로 설계된 의자에 앉아 족히 500페이지는 돼 보이는 잡지를 하나 들어 펴고 내 차례를 기다린다. 여기에선 줄을 설 필요가 없다. 은행들은 고객을 유치하기 위해 서로 경쟁하며, 이는 곧 고객의 기분을 맞추기 위해 가능한 한 모든 방법을 동원해야 한다는 것을 의미한다. 한 아가씨가 쟁반을 들고 다니며 은행 안의 모든 사람에게 작은 바나나 맛 요구르트를 건네주었다. 잡지에는 아이라이너를 잘 그리는 법과 광대뼈를 도드라지게 하는 메이크업베이스, 자연스럽고 부드러운 립스틱을 소개하는 사진이 여럿 나와 있었다. 곧이어 나는 사진 속의 사람이 남자라는 걸 알아챘다. 미용 제품에 대한 한국의 집단적 집착이 남자들의 세계에까지 발을 들인지는 꽤 되었다. 남성들이 눈썹을 정리하고 여드름 자국을 숨기며 스킨 토너에 돈을 쓴다. 많은 남자가 머리를 염색한다. 백발은 거의 없다.

*

냉장고에 있는 것들을 긁어모아 그로테스크한 오믈렛을 만들어 이른 점심을 해결했다. 모퉁이 편의점에서 산 호텔의 미니바에 있을 법한 작은 위스키 두 병을 같이 마셨다. 계산대에서 나도냉이처럼 굵은 눈썹을 가진 노인이 동조와 이해가 섞인 눈빛을 보냈다. 이것이 오늘 내가 존재하는 이유다. 이것 외엔 아무것도 없다.

*

오늘은 지하철에서 매우 이상한 광고를 보았다. 골프장 전경과 산속 리조트 온천탕에 들어가 있는 행복한 커플의 모습이 함께 있는 사진 광고였다. 전면에는 대문짝만하게 다음과 같이 적혀 있었다.

Welcome to Fukushima

*

아무래도 저널리즘은 조금씩 나와 멀어지고 있다. 기사로 쓸 거리가 없다. 먹고살기 위한 최소한의 돈을 위해 쓰는 글을 넘어선 무언가를 잡지사에 제안하고 싶은 마음이 없다. 대신에 단편소설을 생각한다. 태어나 처음으로 쓰는 단편소설. 어떻게 생각하면, 반드시 단편을 써야 하는 한국의 작가가 아니라 다행이다. 언젠가 한국문학번역원에서 한국의 출판 시스템에 관해 설명해주었는데 내가 보기엔 말이 안 되었다. 출판사를 통해 책을 내는 가장 효과적인 (어쩌면 유일한) 방법이 단편소설로 상을 타는 것이다. 즉, 한국 작가는 대부분 '단편 소설가'로 데뷔한다는 말이다. 그나저나 나는 오늘 내 유년 시절 기억의 이미지를 하나 건져내어 단편소설로 만들 생각을 했다. 1983년, 내 동생과 내 눈앞에 나타난, 미래에서 온 교회 같았던 엡콧Epcot 센터의 거대한 금속 구. 그 순간을 회상하면 그해 부모님과 함께 했던 플로리다 여행에 대한 기억들이 봇물 터지듯 터진다. 복도에 있던 화재경보기를 실수로 눌러 호텔의 모든 투숙객이 건물 밖으로 대피했던 일, 여자 화장실 문을 잘못 열어 안에서 볼일을 보고 있던 여자아이와 눈이 마주친 여섯 살의 나, 푸른 배를 베어 물었을 때 났던 소리, 슈퍼마켓 출구 앞에 세워져 있던 은색 포르쉐, 저녁에 호텔 방에서 본 미식축구 경기, 창 너머로 바라본 마이애미비치의 해안에 부딪히던 파도, 헝클어진 머리의 젊은 어머니와 디즈니랜드 마녀의 집에서 산 이마에 피가 흐르는 대머리 남자 마스크를 쓴 나의 아버지.

*

70년대 이태원 거리에서는 대마초를 구할 수 있었다고 한다. 록 밴드와 외국인들이 술집에서 피웠다고 한다. 요즘 대마초를 구하기란 어려운 게 아니다. 아예 불가능하다. 더 강한 마약들은 말할 것도 없다. 얼마 전, 서울 근교 근린공원에서 몰래 대마초를 재배하던 한 남자가 감옥에 갔다. 아무나 오가는 공원 벤치에서 대마초를 피웠다고 한다. 신고하는 사람이 없었는데, 이유는 99퍼센트의 한국인들이 대마초 냄새를 모르기 때문이다. 캘리포니아에서 오래 살았던 한 여자가 경찰에 신고했다고 한다. 야생 풀이나 버섯 같은 천연 환각제가 없냐고 여러 한국 사람들에게 몇 번이나 물었다. 아무래도 많은 한국의 전통이 무속 신앙에서 기원하기도 하고, 내가 이해한 바로는 무속 의식에서 무당들이 죽은 자와 소통하기 위해서는 환각 상태가 되는 것이 중요하니까. 그러니 당연히 그러한 소통을 활성화할 물질이 있을 거라고 생각했다. 하지만 돌아오는 답은 똑같았다. "아니, 그런 건 없어, 여기에선 안 돼." 어쩌면 외국인과 이런 대화를 나누는 게 두렵기 때문인지도. 이 질문에 관해서만은 모두가 조금 예민하게 반응한다. 잠복 형사들이 유흥가를 돌아다니며 마약 단속을 한다고 한다. 간간이 배우나 가수가 '떨' 한 대를 피운 죄로 감옥에 간다는 뉴스가 보도된다. 고작 한 대로 말이다. 지난 50년간 한국과 가장 가까운 동맹국인 미국의 대통령들은 모두 마약을 한 적이 있다고 시인했다. 한국에서 이런 일은 절대로 일어나지 않겠지.

*

며칠 전 홍대의 어느 지하에 있는 바에 공연을 보러 갔다. 밥 말라나 피터 토시 같이 대마초의 연기에 휩싸인 삶을 산 음악가들의 포스터로 둘러싸인 곳이었다. 그 포스터들이 붙은 벽은 뭔가 귀여웠다. '마약 문화'라는 이름으로 온 세상이 다 알고 있는 세계, 음악과 문학과 영화의 소재가 되는 그 세계가 한국에선 명함도 못 내민다. 하루는 미용실에서 머리를 자르는데 라디오에서 에릭 클랩턴의 '코카인'이 흘러나왔다. 미용사는 이 노래가 무슨 마이클 볼튼의 청순한 발라드인 양 따라서 흥얼거렸다.

*

새하얀 날들이다. 푸른 하늘에 땅은 새하얀 날들이다. 잿빛 하늘에 땅은 새하얀 날들이다. 하는 일 없는 날들이다. 감수할 번역거리도 없고, 받아둔 기삿거리도 없다. 코세리의 책들을 들춰본다. 파리에 갔을 때 코세리가 묵었던 호텔 방에 나도 묵었었고, 그때 그가 남겨두었던 책들을 몇 권 챙겨올 수 있었다. 알베르 코세리 Albert Cossery는 이집트에서 망명한 작가로, '허송세월 보내기'의 수호성인이자 '세월을 바삐 채워 넣을 걱정하지 않기'의 수호성인이라고 할 수 있다. '게으름의 왕자'로도 불렸는데, 6개월에 한 번씩 성경처럼 두꺼운 책을 써내는 작가들과는 달리 94년의 인생 동안 고작 단편소설 여덟 편만 썼기 때문이다. 그러나 그 소설들을 모두 손으로 직접 써 내렸으니 이는 결코 느슨하다고 볼 수 없다. 대장장이가 쇠를 내려치듯이 문장 하나하나를 다듬었고, 이러한 문장들은 낯설고 독특하며 청각적인 욕들과(군짜, 던적스러운 새끼, 무뢰배, 거나리) 함께 가공되었다. 물론 '개.씨.발.놈'과 같이 꾸밈없는 표현들도 곁에 두고 아끼지 않았다.

가끔, 여기 이태원 집에서 코세리처럼 사는 것도 나쁘지 않을 것 같다는 생각을 한다. 동네가 어떻게 변하는지, 이웃 노인들이 어떻게 한둘씩 세상을 떠나는지, 매년 식물들이 얼마나 자라는지, 매 계절 하늘 색깔이 어떻게 변하는지를 보면서. 코세리는 1951년부터 2008년까지 파리 라 루이지안$^{La\ Louisiane}$ 호텔의 냉장고 한 대가 전부인 방에서 살았다. 일은 한 번도 한 적이 없다. 어떤 것의 주인도 되고 싶어 하지 않았다. 심지어 자신의 영혼까지도. 그러나 신발과 양복은 많았는데 여자들의 마음을 얻기 위해서는 멋진 양복과 좋은 신발이 필요했기 때문이다. 항간에 따르면 이천 명의 여자와 잤다고 하는데, 여자를 유혹하는 데 필요한 노력과 시간을 생각해본다면 사실 코세리는 게으름과는 거리가 먼 사람일 것이다. 그는 색다른 '여가 생활'을 믿었고 자신의 소설 《곡예사의 음모$^{Un\ Complot\ de\ Saltimbanques}$》에서 아래와 같이 썼다.

"여가 생활을 즐길 줄 아는 사람만이 진정한 문명적 사고에 닿을 수 있다."

내 생각에 코세리는 정숙주의^{Quietism}의 위대한 창시자인 스페인 수도사 미겔 데 몰리노스$^{\text{Miguel de Molinos}}$가 설명한 도덕과 매우 근접한 개념의 생활 방식을 보여주었다. 1675년 몰리노스는《영성 깊은 그리스도인$^{\text{Guia spiritual en Roma}}$》이라는 책을 출간했다. 그에게 신학자로서의 명성을 가져다준 책이다. 이 책을 통해 그는 강력한 신앙심을 가진 굳건한 금욕주의자로 알려졌는데 그로부터 10년 후 종교재판소가 그를 체포한다. 이단과 부도덕의 죄를 인정하라고 강요받으며 고문당했고 결국 종신형을 선고받는다. '신을 만나기 위해서는 평범하고 단순한 침묵으로 평정심을 가지고 기다려야 한다'라고 위험을 감수하고 설교했던 몰리노를 종신형으로 단죄한 교황 인노첸시오 11세는 그의 오랜 친구였다. 몰리노의 계율은 무의미였고 신비로운 죽음이었으며 사고의 전멸에 이를 때까지 말을 아끼는 것이었다. 코세리는 그 경지에 오르지는 못했지만, 호텔 로비에 앉아 세느가$^{\text{Rue du Seine}}$로 난 커다란 창문을 통해 사람들이 지나다니는 걸 몇 시간이나 바라보며 거의 비슷한 수준에 이르렀다. 나도 내 방식대로 같은 행동을 한다. 모아둔 돈을 그러모아서 산 소파에 누워서 말이다. 봄이 오고 여름이 오면 테라스에 나가 앉아 코세리를 따라 할 것이다.

*

박찬욱 감독의 새 영화 〈스토커〉를 보러 갔다. 재미있었지만 특별한 건 없었다. 오히려 영화 외의 것들이 신기했다. 새벽 세 시 표를 예매하고, 코카콜라에 팝콘 대신 맥주에 마른오징어를 주문한 일 같은 것들. 영화가 끝나고 나오니 사람들이 다음 영화를 보기 위해 줄 서 있었다. 새벽 다섯 시에 영화관에서 나오면 도대체 뭘 할까? 거대한 스크린으로 〈니모를 찾아서〉 같은 영화를 본 후에 아침 식사를 하러 가는 상상을 하니 뭔가 혼란스럽다.

*

수정의 정신이 흐트러져 있는 날에는 같은 문장을 두세 번 반복하거나 내 말을 이해할 때까지 풀어서 설명해야 한다. 그러고 나면 지친 상태로 30분 정도를 보내는데, 우리 사이엔 넘을 수 없는 진흙의 늪이 항상 있을 것이라는 생각을 떨치기가 어렵다. 수정이 다른 사람들과 무슨 얘기를 나누는지 알아들을 수 있게 한국어를 배워볼까 생각했지만, 동시에 그리하여 새롭게 알게 된 내 아내가 썰렁한 유머를 하거나, 쓸데없는 코멘트나 지루한 대답을 하는 사람일지도 모른다는 불안한 가능성도 가늠해보았다. 침묵은 언제나 우리의 동맹이며, 자기변호를 위한 보물이다.

*

한국에는 카페에서 일하는 사람들이 많다. 전적으로 취향이라거나 유행이어서라고 하긴 어렵다. 특히 젊은이들에게는 아메리카노 한 잔의 비용만 있으면 오후 내내 누구의 방해도 받지 않는 사무실이 생기는 것이다. 어제 본 20대 커플처럼 너무하다 싶은 일도 있기는 하다. 프린터를 갖고 와서는 탁자에 놓고 콘센트를 연결했다. 아무 일도 아닌 것처럼 엑셀 표로 가득한 문서들을 인쇄했다. 카페 창업 계획서였을지도.

*

천장을 한참 동안 응시하며 다음 소설에 대해 생각한다. 무엇을 쓰고 싶은 걸까. 우루과이 작가 후안 카를로스 오네티의 말이 머릿속에서 파도처럼 덮쳐온다.

"초고를 검토할 때는 자기 자신을 향해 거대한 하나의 질문을 던진다. '줄거리가 일관되었는가?' 만약 그러하다면, '이 일관성을 어떻게 음악적으로 바꿀 것인가?' '반복되는 요소는 어떤 것들인가?' '이것들이 한 주제를 이루며 잘 엮여 있는가?'. 요약하자면, 책이 어디로 가고 있는지, 어떻게 마음 깊은 곳의 고민이 더욱 명확히 드러날 수 있게 할지 스스로 묻는다. 궁극의 목표는 '울림'이다. 책을 덮어 책장에 꽂은 후에도 독자의 마음속에서 지속되는 여운 같은 것이다."

*

중국요리를 배달시켰다. 탕수육, 볶음밥, 짬뽕. 큰 플라스틱 접시와 그릇들이 도착한다. 다 먹은 후에는 집 앞에 빈 그릇을 둔다. 같은 배달부가 다시 들러서 그릇들을 수거한다. 한국이 세계에 물려줄 최고의 발명이다. 휴대전화나 컴퓨터, 자동차보다 더 훌륭하다. 중국요리를 담은 수백만 개의 일회용 그릇들이 없는 세상. 정부는 중국집에 세금 감면이라도 해줘야 한다.

*

맑지만 쌀쌀한 토요일, 집에만 있지 않기 위해서 기운을 냈다. 밖으로 나가 경복궁 근처를 산책했다. 집에서 버스로 20분 거리에 있다. 사실 나는 덕수궁을 더 좋아한다. 덕수궁 입구 오른쪽에 연못과 테라스가 연결된 작은 카페가 있다. 몇 년 전 여름날 오후,

거기에서 차를 마시며 매미 소리를 들었다. 행복감과 비슷한 기분을 느꼈다. 그러던 중 아니나 다를까, 한 남자의 침 뱉는 소리가 분위기를 깨트렸다. 다시 더위가 찾아오면 그런 오후를 보내고 싶다. 하지만 여름은 아직 한참 남았다. 경복궁 근처에는 현대가 세운 미술관이 있다. 세금 감면을 위해서 미술관을 열었을 것이다. 전시장으로 들어갔다. 티켓 부스에 미성년자는 들어갈 수 없다는 안내문이 있었다. 1층을 둘러보았다. 한국의 다른 미술관에서는 보지 못했던 옛 그림들과 판화 앞을 지났다. 그러다가 우리가 찾던 그림을 발견했다. 다다미 위에서 남자가 커다란 성기를 여자의 음부에 삽입하는 모습을 과장되게 묘사하는 일본식 춘화와는 달리 한국의 판화는 훨씬 섬세했다. 기다란 담뱃대를 물고 있는 여자가 한복을 젖혀 남자 위에 올라앉아 있다. 어떤 여자는 임신한 채 누워 있고 그 뒤에 남자가 있다. 두 젊은 여자가 체위에 관한 책을 몰래 숨어 보고 있다. 늙은 양반이 어린 여자 위에 올라타 있다. '비와 구름의 책雲雨圖帖'이라고 불리는 이 판화 컬렉션이 대중에게 전체 공개되는 건 처음이라고 한다. 이전까지는 전라를 포함해 섹스와 관련된 기획은 한국 사회에서 극단적 주의를 요했기 때문이다. 사실, 주의를 요구한다기보다는 이중적인 도덕성에 가깝다. 보티첼리의 '비너스'를 텔레비전에서 보여줄 때는 음부를 모자이크 처리하면서, 단란주점이나 30분 키스에 돈을 내는 키스방을 비롯한 성매매와 관련된 홍보 카드들은 길바닥에 넘쳐난다.

수정을 알기 전에 만났던 한 한국 여자와 모텔에 간 적이 있는데, 집채만 한 플라스마 텔레비전이 있었다. 한국 포르노 영화가 나올 때까지 채널을 돌렸다. 일본 에로와 마찬가지로 중요 부위는 가려져 있었다. 진짜 이상한 건 모든 장면에 등장하는 여자들이 자고 있거나 술에 취한 도중에 섹스를 강요당하고 있었다는 것이다. 또 많은 커플들이 섹스하기 전이나 하고 난 후, 소주를 마시면서 혹은 이야기를 나누다가 서로 뺨을 때렸다. 외국에서 산 경험이 있었고 전혀 보수적이지 않던 그때 그 여자는 저 에로 영화만 저런 건지 아니면 반복되는 패턴인 건지 나에게 설명해주지 못했다. 그 친구는 한국 에로 영화를 처음 본 것이었다.

*

한국에선 가끔 특정 제품들이 매진되는 사례가 있다. 아이스크림이나 라면 같은 것들. 올겨울엔 닭 육수로 만든 라면이 대유행이었다. 한 텔레비전 채널에서 코미디언이 자기가 개발한 요리법을 공개한 덕분이었다.

*

한국어로 배우고 싶은 문장이 하나 있다. 간단한 문장이다.

"추위가 싫다."

"추위가 싫다."

"추위가 싫다."

*

고 부장은 한국문학번역원의 번역출판팀 본부장이다. 오늘 고 부장이 사무실 근처 참치 횟집으로 나를 초대했다. 그가 없었으면 나는 지금 뭘 하고 있을까? 내 통장 잔고가 0원이 되기 직전의 순간을 그는 아는 것 같다. 그의 소개로 번역원과 함께 일하고 있다. 오늘 나를 보자고 한 이유는 스페인어로 번역된 한국 소설의 감수를 맡기기 위해서가 아니었다. 수업을 하나 맡기고 싶다고 했다. 점심을 먹기 전 이에 관해 이야기를 나누었다. 번역을 공부하는 학생들과 그들의 번역문을 다듬는 것이었다. 이건 수업이 아니라 아틀리에라고 분명하게 이야기했다. 그렇다고는 했지만, 복잡한 문법에 대한 질문은 제발 나오지 않기를 바란다. 학생들에게 나는 직감에 의해, 청각에 의해, 그리고 습관에 의해 글을 쓴다는 걸 어떻게 설명할 수 있을까? 나는 통성 명사라든가 언어 전환이라든가 완곡법이라든가 하는 것들은 모른다.

자리에 앉자마자 고 부장은 스페인어로(마드리드에서 스페인 문학을 공부했다) 맥주를 마시겠냐고 물었다. 한국의 기업인들이 사업 계약을 맺는 고급 식당에서 술에 젖은 점심을 먹으며 한 주를 시작하는 것보다 좋은 게 있을까. 따끈한 방바닥에 마련된 예약석에 앉아 따뜻한 물수건에 손을 닦은 뒤 잔을 들고 건배를 했다. 고 부장은 아내에 관해 물었다. 그리고 자기 아들 얘기를 들려주었다. 가족 얘기에서 정치 얘기까지, 콜롬비아와 한국 중 어디가 더 안 좋은지를 겨루는 마라톤처럼 긴 대화를 나누었다. 고 부장의 요지는 이해했지만 나는 품에서 확실한 카드를 꺼내야 했다. 적어도 여기는 휴대전화를 훔치기 위해 살인을 하지는 않는다고. 아니, 여기에선 아무나 그렇게 죽이지 않는다고. 한국에는 진짜 정신 나간 인간처럼 사람을 죽이는 살인마는 별로 없다. 만약 나라별로 죽음 할당량이 있다고 한다면 그 할당량은 한국전쟁 때 이미 채워졌다고 생각될 정도다. 가져가쇼. 수백만 영혼이 있으니 한꺼번에 거둬가시오. 고 부장은 차례로 올려지는 생선회와 함께 먹을 소주를 시켰고 우리의 대화는 더욱 즐거운 평원으로 달려나갔다. 10분 간격으로 종업원이 회를 내왔다. 붉은 생선, 분홍 생선, 하얀 마블링이 보이는 생선. 맥주를 한 병 더 주문했다. 그리곤 얼마 전 개봉한 첩보 영화에 관해 이야기를 나누기 시작했다. 〈베를린〉이라는 영화였다. 남한과 북한의 간첩 이야기로 독일에서 벌어지는 내용이다. 최근 들어 유명한 스파이에 관한 이야기를 많이 읽었다. 영화 얘기가 나오자 문득 '스트레인지 프루트 Strage Fruit'의 작곡가가 떠올랐다. 빌리 홀리데이를 유명하게 만든, 교수형에 대한 노래다.

짐작과 달리 작곡가는 흑인이 아니었다. 에이블 미로폴 Abel Meerepoo이라고 하는 러시아 출신의 유대인으로 미국 공산당과 연관이 있었다. 그런데 미로폴은 미국 인권 운동을 대표하는 이 노래만으로 유명해진 것은 아니다. 1953년, 소련에 핵무기에 관한 정보를 넘긴 혐의로 처형당한 스파이 부부 줄리어스 로젠버그와 에설 로젠버그의 아이들을 입양했다.

식사 후에는 담배를 피우며 고 부장과 그의 일본 출장에 관해 얘기했다. 6월에 열리는 도서전에 간다는 것이었다. 일본은 초행길이랬다. 고 부장 세대의 남자에게 일본 여행이란 특별한 의미가 있다. 30년간의 일본 지배를 직접 경험하지는 않았지만, 그렇다고 해서 내 아내나 그 아래 세대처럼 적대감이 전혀 없는 것도 아닌 세대다. 일본인이 고 부장 부모의 성을 바꾸려고 하거나 한국어를 못 쓰게 했는지, 혹은 부모가 그 시절의 많은 사람처럼 독립운동을 하다가 감옥에 간 적이 있는지 궁금하다.

식사의 마지막에는 종업원이 올라오는 취기를 진정시키기는 작은 그릇에 담긴 국을 내어 왔다. 식당을 나오니 얼음같이 차가운 바람이 머리를 맑혔다. 우리는 번역원까지 걸었다. 에스컬레이터에서 고 부장이 내게 작별 인사를 했는데 감정이 고조되어 있었다. 유대감이었다. 나를 포함한 많은 사람이 오랫동안 느껴보지 못했던 것이었고, 존재한다고 믿기도 힘든 것이었다.

*

점심 식사 후 번역원 도서관에서 한국 전통문화의 전반적인 양상을 다룬 책의 스페인어 번역본을 대출했다. 오후부터 읽기 시작했는데, 2012년 김정일의 장례식 사진에서 보았던 비통한 옷차림과 드라마틱한 눈물과 극단적인 고통의 표정을 이제야 이해할 수 있을 것 같았다. 한국의 장례식에서 곡소리는 의식이다. 하나의 연출이다.

*

"산 자는 죽은 자의 유령이다."
 한국 샤머니즘에 관한 책의 마지막 장은 이 문장으로 시작했다. 가부장제라는 용어가 학술적 수사가 아닌 이 나라에서 대부분의 무당은 여성이다. 산 자의 세계와 죽은 자의 세계를 연결하는 최고의 매개자는 여성인가보다.

*

사촌 조카인 류는 영화를 찍던 날 내게, 촬영을 개시했을 때 돼지머리를 앞에 두고 작은 제사를 지냈다고 말했다. 이 제사는 '고사'라는 의식이며 나쁜 기운을 몰아내기 위해 지내는 거라고 했다. 돼지가 더 큰 미소를 짓고 있을수록 좋다고 했다. 최근에 와서는 진짜 돼지머리를 다른 것으로 대체하는 추세다. 어떤 곳에서는 플라스틱 돼지 저금통을 놓기도 하고, 또 어떤 곳에는 핸드폰이나 태블릿피시의 모니터에 돼지 얼굴 모양을 띄워 놓기도 한다. 아무튼 어떤 경우든 돼지는 있어야 한다. 언젠가 내 책이 한국어로 번역된다면, 그래서 출판기념회를 한다면 반드시 미소를 짓고 있는 나만의 작은 돼지머리를 올려놓을 것이다.

*

한 코미디언이 온갖 곳에 등장하기 시작했다. 한국에서 가장 유명한 텔레비전 쇼에 나오는 그와 그의 무리다. 그들은 모든 종류의 광고판에 나타난다. 조미료, 세탁기, 기저귀, 생명보험 등. 조금만 더 실험적인 광고주가 있었다면 그들을 생리대 광고에 썼을 판이다. 충분히 많은 돈을 버는 게 분명했지만, 성에 차지 않는지 각자 따로 여러 상품에 얼굴을 비춘다. 쌀, 김치냉장고, 자동차 윤활유, 화장실 청소 용품 등등. 1년에 3일밖에 휴가가 없는데 그마저도 제대로 보내지 못하는 컴퓨터 앞 지박령 같은 한국 회사원들보다 더 오랜 시간 노동을 하는 게 분명하다. 솔직히 버는 돈의 반을 보육원 시설 같은 데 기부할 것 같지도 않다. 궁극적으로 그들이 원하는 건 뭘까? 이러한 노출에 중독되었다는 설명 외에는 떠오르지 않는다. 크랙에 중독된 사람들처럼 말이다. 내가 아는 가장 극단적이고 불경스러운 코미디언인 레니 브루스 Lenny Bruce를 그들이 아는지 궁금하다. 하도 불경스러워 60년대 법정에까지 섰는데 우디 앨런과 밥 딜런 등이 그의 편에서 증언을 했음에도 불구하고 유죄를 선고받았다. 그는 무명도 아니었다. 눈보라가 치던 어느 날, 뉴욕의 카네기홀을 꽉 채운 관객들 앞에서 공연한 적도 있다. 텔레비전 출연은 거의 금지 당했으며 위장한 형사들이 그의 스탠드업 코미디를 보러 오기도 했다. 결국에는 모르핀 과다로 죽었다. 그렇다. 이런 삶을 원하는 사람은 없을 테지만 레니 브루스는 무대에 모든 것을 바쳤다. 반면 요즘의 코미디언들은 편의점 도시락에 얼굴을 비춘다. 레니가 혹시라도 우유갑에서 자신의 얼굴을 봤다면 토했을 거다. 그의 자서전 제목은 자기가 가진 원칙들에 대한 하나의 선언이다.《더러운 말로 사람들에게 영향을 주는 법*How to talk dirty and influence people*》.

진짜 코미디언이란 타인의 결점을 놀리거나 바보처럼 행동하는 사람이 아니다. 오히려 그들은 우리 모두를 비추는 거울을 만들어 자신의 어리석음을 발견하게 한다. 우리는 이로 인한 두려움에서 벗어나기 위해 웃을 수밖에 없는 것이다.

*

어젯밤엔 리처드와 '케이크샵'에 갔다. 수정은 우루과이 조선업과 관련된 서류를 번역해서 보내야 했다. 계약서나 전단, 설문지 번역 따위의 일이 가끔 떨어진다. 도착하니 클럽은 반 정도 비어 있었다. 맥주를 마시고 진토닉을 시켰다. 술이 많이 들어가 있었다. 리처드는 바텐더와 친구였다. 팁을 주지 않는 이 나라에서 팁을 준다. 관대하고도 전략적인, 무엇보다도 미국인다운 플레이다. 리처드는 수정과 클럽에서 알게 되었다. 그 시절에 수정은 국악을 연주하면서 또 밤에는 홍대 일렉트로닉 클럽을 다니는 이중생활을 했다. 리처드는 가끔 클럽에서 음악을 틀면서 친구를 사겼다. 하지만 대학에서 영문학을 가르치는 교수로서의 삶이 중요해

지면서 디제이는 그만두었다. 클럽에서 학생을 마주친 후, 혹시라도 학생들이 한 손엔 위스키 다른 한 손엔 헤드폰을 쥔 자기 사진을 찍을까 두려웠기 때문이다. 월요일부터 금요일까지 리처드는 바싹 깎은 백발에 항상 미소를 짓는 단정한 교수였다. 주말에는 자제심을 잃었다. 푸른 눈에서는 충동이 드러났고 어떻게 세상이 무너지는지 보고 싶어 하는 마음이 엿보였다. 그는 후커 힐에서 유명한 인물이었고 이태원 홍등가의 전설이었다. 정오에 닫는 클럽에서 아침 해를 보는 사람이었다. 몇 달 전에 아예 이 동네로 이사를 왔다. 이제 우리 집에서 조금 떨어진 곳에 산다.

새벽 두 시, 케이크샵에 사람이 차기 시작했다. "예전에 여긴 한국에서 유일한 스트립 클럽이었대." 리처드가 말했다. 미군들이 득실거렸다고 했다. 용산 미군 기지로부터 겨우 몇 미터 거리였다. 나는 궁금했다. 서울엔 모든 종류의 사창가가 있는데 어째서 단순히 벗은 여자들을 보는 클럽은 없는 걸까. 우리는 꽤 강한 진토닉을 한 잔씩 더 마셨다. 음악이 나쁘지 않았다. 세련된 비트에 재즈, 쏘울, 펑크^{Funk}가 뒤섞인 화성적 사운드가 산을 이루고 평야를 이루었다. 여기저기 만연한 견딜 수 없는 EDM 클럽과는 비교할 수 없었다. 새벽 세 시가 되자 리처드는 나에게 후커 힐 골목 산책을 제안했다. 주황색 택시와 술 취한 영어 원어민 교사들과 한국 여자들 무리로 가득한 길을 따라 걸었다. 아프리카 식당들과 특히 나이지리아인들이 모이는 아지트가 있는 골목으로 들어갔다. 그 끝에서 리처드에게 야단스러운 인사를 건네는 필리핀 여자들의 술집에 도착했다. 길 건너에는 또 다른 언덕이 있는데 그곳에는 삼성을 만든 이 씨 집안의 저택들이 있다.

맥주 피처를 주문하고 오르막길을 지나는 행렬을 보며 함께 담배를 피웠다. 리처드에게 다음 소설에 대한 아이디어를 들려주었다. 콜롬비아에서 알게 된, 천 개의 인생을 가진 한국 남자 스파이에 관한 이야기였다. 그런 연유로 나는 요즘 이와 관련된 책을 많이 읽고 있었다. 술집을 나와 창녀들이 있는 골목으로 갔다. 어떤 여자들은 추위에도 불구하고 미니스커트 차림으로 이야기를 나누고 있었다. 우리를 보고서는 영어로 인사했다. 문이 반쯤 열린 작은 술집들 사이를 걸었다. 로라^{Laura} 혹은 리오^{Rio} 따위의 이름을 가진 곳이었다. 편의점에 도착할 때까지 길을 돌아 걸었다. 캔 맥주를 사서 나지막한 담 위에 앉았다. 발아래에 바빌론이 있었다. 우리는 건배를 했다. 아무 말도 하지 않았지만 리처드도 나처럼 고향에서 멀리 떨어진 이곳의 낯선 사람들 사이에서 행복감을 느낀다는 걸 알 수 있었다. 한 일본인 트랜스젠더가 우리에게 다가왔다. 몸에 착 달라붙은 길고 흰 드레스를 입고 있었다. 우리가 서비스에 관심이 없다는 걸 알고서는 호객 행위를 그만두었고 대신 미소를 지으며 핸드폰에 저장된 지인의 사진을 보여주었다. 나는 몇 번이고, 어떻게 성기에 문신할 수 있는지 이해가 안

된다고 말했다. 캔 맥주를 다 마신 후 리처드에게 집에 가겠다고 했다. 리처드는 더 있겠다고 대답했다. 필리핀 여자들이 있는 바에 간 다음에는 아마 래퍼와 외박 나온 미군들과 블라디보스토크 출신의 여자들이 모여드는 클럽에 갈지도 모르겠다. "끝까지 살아남을 수 있다는 걸 확인하는 게 좋아." 리처드는 작별 인사로 포옹하면서 나에게 말했다.

*

김치찌개에 중독되어 버렸다. 추위에 완벽한 음식이다. 가격도 아주 저렴하고 밥도 리필이 되는 식당을 찾았다. 일주일에 한 번은 간다. 그곳을 찾는 손님 대부분이 택시 기사다. 오늘 점심을 먹으러 갔더니 북한 지도자 김정은의 통통한 얼굴이 텔레비전에 나오고 있었다. 뉴스의 메인을 장식하는 중이었다. 식당 주인이 채널을 바꾸었다. 뉴스가 불편했다기보다는 싫증이 난듯했다. 좋아하는 드라마가 나오자 여주인의 얼굴이 환해졌다. 정오의 드라마는 나에게 마르지 않는 지식의 샘이 되었다. 예를 들어, 드라마를 통해 한국인들은 성묘할 때 조상의 무덤에 소주를 뿌리기도 한다는 걸 알았다. 콜롬비아에서도 아구아르디엔테* 병을 딴 직후에는 술을 바닥에 조금 뿌린 후 이렇게 말한다.

"죽은 자들을 위하여!"

*

오늘 아침엔 양말을 사러 백화점에 갔다. 입구에는 여성의 차림을 한 로봇이 고객들을 향해 고개를 숙이며 인사를 했다. 손 박사의 로봇과 비슷한 모습이었다. 손 박사는 독특했다. 몇 달 전 기사를 위해 인터뷰했을 때 손 박사는 내게 개가 거미로 변신하는 꿈을 꾼다고 했다. 그리고 그 꿈으로 인해 시험용 관절에 대한 문제를 해결했다고 했다. 그때 그는 서울 외곽에 있는 자기 실험실에서 네발 달린 금속 로봇을 제작하고 있었는데, 소만큼이나 컸다. 군사용 로봇으로 사람이 접근하기 어려운 지역을 돌아다니거나 벼랑을 기어오르고 골짜기를 타며 협곡을 건너는 능력을 갖추게 될 것이다. 남한과 북한의 휴전이 깨지면 손 박사의 로봇은 굉장히 유용하게 쓰일 것이다. 그날 찍은 이브의 사진도 휴대전화 어딘가에 있다. 오늘 오전에 봤던 것과 매우 비슷하게 생긴 로봇이다. 이브는 안드로이드로 인간의 기본적인 감정을 표현할 수 있다. 지금까지의 가장 큰 성공은 '진심으로 지루한' 표정을 파

---

* Aguardiente, 사탕수수로 만든 독주. '불타는 물'이라는 뜻.

악해낸 것이다. 이브를 보았을 때 치아에 립스틱이 묻어 있었던 게 기억난다. 세련된 장난감 수리점과 양재사의 아틀리에와 고급 자동차 정비소를 섞어 놓은 듯한 방에 이브가 있었다. 그녀는 두꺼운 암막 커튼이 쳐진 창문을 바라보고 있었다. 쭉 뻗은 코, 빛나는 검은 눈동자에 크지만 아시아인의 것이 분명한 눈, 플라멩코 무용수처럼 짙은 아치형의 눈썹, 작지만 도톰한 입술. 균형적 관점에서 아름다운 얼굴이었다. 이브의 얼굴은 실제 인물을 본뜬 것이었다. 그게 누구인지 나에게 말해주지 않았지만, 불멸의 아름다움을 가진 안드로이드를 창조하기 위해 얼굴을 빌려준 그 모델은 분명 두둑한 보상을 받았을 것이다. 가까운 미래에 누구라도 사랑에 빠질 수 있는 안드로이드였다. 양말이 든 비닐백을 들고 백화점을 나오면서 다시 한번 로봇을 쳐다보았다. 집에 오는 버스에서 많은 생각이 들었다. 만약 미래에 남편이 로봇 아내를 폭행한다면? 부인이 인간 남편과 로봇 남편을 동시에 둘 수 있을까? 로봇에 대한 성추행이나 강간 같은 것도 성립할까? 사람이 죽고 나면 로봇이 재산을 상속받을 수 있을까? 안드로이드만을 위한 형사법이 생기게 될까? 주인 없는 로봇이 존재하게 될까?

*

수정이 집에서 점심을 먹지 않는 날에는 나도 혼자 차려 먹기가 싫어서 집에서 세 블럭 정도 떨어진 만둣가게에 가곤 한다. 주말에는 테이블 잡기가 불가능한 곳이다. 항상 줄이 있기 때문이다. 새우, 돼지고기, 부추가 든 찐만두의 탁월함에 중독되어 버렸다. 속에 육즙이 가득한 이 만두에는 무언가 특별한 게 있다. 접시에 흘리지 않고 입안에서 육즙이 모두 터지도록 한입에 먹어야 한다. 가끔은 오스트리아 사람이 운영하는 육가공품 점에서 햄 샌드위치에 밀 맥주를 마시기도 한다. 한국인 부인이 주문을 받고 남편은 수습생과 함께 소시지를 만들거나 빵을 굽기도 하며 가게 뒤편에서 돼지 다리를 가공한다. 벽에는 친구들이나 가족들과 함께 찍은 부부의 사진들이 붙어 있다. 한 사진에서는 뱃살 없는 젊은 남편이 요들송 가수 같은 옷을 입고 한국 사람들에게 둘러싸여 있는데, 이걸 보니 수정에게 했던 말이 생각난다. 내 책이 전부 실패하고 수정도 바라던 대로 교수가 되지 못하면 콜롬비아로 가서 한국 식당을 열자고. 그럴 때마다 식당이 아니라 세탁소를 열자는 말을 들은 것처럼 아주 낙담한 표정을 수정의 눈에서 읽는다. 수정에게는 식당이나 세탁소나 똑같이 무시무시한 실패다. 수정에게는 또 다른 계획이라는 게 없다. 이 모든 것은, 뭔지도 모르는 어떤 것을 얻기 위해 자기 자신을 희생하리라는 사실을 말해 줄 뿐이다.

*

고 부장이 또 기대하지 않았던 선물을 주었다. 한국문학 번역상의 스페인어 심사위원으로 초빙된 것이다. 보수도 넉넉하다. 두 달 동안 열 몇 권의 책을 읽고 심사 결과를 보내주면 된다. 나를 열광시킬 작품이 나올지 한 번 보겠다. 누가 나에게 추천해달라고 할 때 언급할 수 있는 이름들은 한 손에 꼽힌다. 시인은 고은. 나머지는 모두 소설가다. 김훈, 황석영, 김인숙, 김영하. 이 중에서는 김영하가 가장 어리다. 얼마 전 그의 소설 《빛의 제국》을 읽었다. 서울에서 사는 한 북한 간첩이 마지막 임무를 수행한 지 10년이 지나 북한으로부터 다시 연락을 받은 날, 그 하루를 담은 이야기다. 아내와 딸이 있고, 아무도 그의 과거를 모른다. 날카로운 문체에 긴장감 있는 스릴러다. 번역은 그다지 좋은 것 같지 않다. 고은의 책도 읽었는데, 책을 소개하는 행사에서 그를 본 적이 있다. 여든이 넘었다. 행사의 마지막에 그는 테이블을 옮겨가며 초청객을 위해 마련된 와인을 모조리 마셔버렸다. 그의 아내가 인내심 있게 그를 따라다녔다. 한때 스님이었다는 글을 읽은 적이 있다. 감옥에 간 적이 있고 두 번 자살 시도를 했다고 한다. 노트에 그가 한 말을 옮겨 놓았다.

"문학으로 치자면, 한 번도 대답을 찾으려고 한 적은 없어. 문학이 지식 따위의 결실을 내놓기를 꿈꾼다면, 어쩌면 그렇기 때문에, 문학은 이제 죽은 것이야."

*

작가가 되는 것은 스스로 짐을 과적하는 것이다.

*

3일 전부터는 장갑을 끼지 않는다. 오늘은 모자 없이 거리로 나가볼 참이다. 눈은 완전히 사라졌고 몇몇 구석에 더러워진 눈의 흔적들만 남아 있다. 수정은 이제 밤마다 코가 빨개져서 돌아오지 않는다. 이것들이 나에게는 작은 승리다. 그리하여 아파치족처럼 짧은 정복자의 노래를 부른다.

봄

토요일이다. 북한 정부가 서울을 불바다로 만들어버리겠다고 선포했다. 하지만 지금 그게 문제가 아니다. 진짜 비극은 오늘 아침에 커피가 떨어졌다는 사실이다. 단 한 숟갈도 남지 않았다. 모퉁이 슈퍼마켓에서 커피를 팔기는 하지만 모두 질이 안 좋아서 콜롬비아 남부에서 직접 공수해오는 커피콩을 사려면 '커피랩'까지 지하철을 타고 가야 한다.

커피랩은 아메리카노나 카푸치노, 에스프레소를 앞에 두고 수다를 떠는 커플과 친구들로 가득 차 있었다. 태블릿피시나 휴대전화로 찍은 사진이나 돌려보았지, 오늘 아침에 나온 뉴스에는 아무도 관심이 없는 모양이었다. 긴급재난문자는 카페에서 흐르는 배경음악조차도 방해하지 못했다. 커피콩 1킬로그램을 사고 나와 홍익대학교 근처를 걸었다. 사이렌 소리도 나지 않았고 군인들도 보이지 않았다. 피켓을 든 시위대도, 목이 터져라 평화의 찬가를 부르는 사람도 없었다. 모두가 쇼핑과 아이스크림과 데이트에 몰두해 있었다. 기왕 나온 김에 시디와 엘피판을 파는 작은 가게 '퍼플레코드'에 들렀다. 일주일에 두세 번 참치 샌드위치로 끼니를 때워도 상관없다. 그렇게 아낀 돈으로 음반을 살 수 있다면 말이다. 신보 앞에서 거의 두 시간을 보냈다. 수정에게 선물할 데이비드 번과 카에타노 벨로주의 실황 앨범을 샀다. 집에 와서 음반을 틀어 놓고 생선을 오븐에 넣은 다음 이메일을 확인했다. 가족들과 친구들로부터 메시지가 여러 개 와 있었다. "괜찮아?" "피난했어?" "생사 확인 좀 해줘, 제발!" 잠깐 생각해봤는데, 솔직히 이보다 더 좋을 순 없었다. 드디어 길었던 겨울이 끝나 봄이 기지개를 켜기 시작했고 이웃집 목련 나무에 커다랗고 새하얀 꽃이 피어나고 있다. 머지않아 꽃향기가 골목길을 채우고 우리 집까지 닿을 것이다. 가족과 친구들의 기대에 부응하는 대답을 해주기 위해서 언론사 홈페이지를 훑어봐야 했다. 지금 내겐 심사를 맡은 번역상의 후보작들을 읽는 것이 중요할 뿐, 텔레비전을 보거나 뉴스를 읽지 않으면 존재하지 않는데도 천진난만하게 '현실'이라고 부르는 것에 관해서는 신경을 쓰지 않고 있었다. 〈코리아타임즈〉 영문페이지에 들어가니 한국의 매운 라면이 미국을 강타했다는 소식이 떴다. 누가 봐도 위대한 국가적 업적이다. 서양 언론사 사이트에 들어가니 그제야 불바다니 뭐니 하는 북한의 위협을 다룬 뉴스가 나왔다. BBC는 김정은이 시비조로 한 말을 인용하며 겨우 서른 남짓한 북한 지도자가 미국을 향해 큰소리치며 친형의 정강이를 걷어찼다고 했다. 기사에는 김 씨 왕국의 세 번

째 지도자가 양옆에 장군들을 두고 문서에 서명하는 사진이 있었다. 전쟁을 선포하는 순간 같았다. 나는 순간적으로 종말을 고하는 소식을 들은 피해자의 기분이 되었다. 아내에게 혹시 걱정해야 하는 상황인지, 물이라도 사재기해서 창고에 쌓아둬야 하는 건 아닌지, 핵폭탄이 터지면 기형아를 낳게 되는 건 아닌지 물었다. 아내는 듣는 둥 마는 둥 했다. 《사채꾼 우시지마闇金ウシジマくん》라는 잔인한 대부업자에 관한 만화를 읽는 중이었다. 한 권을 다 읽자 그제야 내 질문을 한마디 대답으로 일축했다.

"매년 3월만 되면 전쟁난다 카더라."

*

일주일 내내 뉴스를 읽었다. 종말의 싹은 뿌리 뽑기가 어려웠다. 어렸을 때 보았던, 그 많은 나쁜 영화들 때문이리라. 그러다가 매년 3월 초 한국과 미국이 연합 훈련을 시행한다는 것을 알게 되었다. 마치 이를 닦는 것처럼 연례행사로서 매년 해야만 하는 것인데, 이때마다 북한 정부는 "제국주의의 공세와 허수아비 같은 남한 정부의 비겁함을 향해" 최대치의 경고를 보낸다. 어찌 보면 남한사람들은 군사 비행기와 군함들이 움직이는 걸 보면서, 그리고 평양으로부터 귀 찢어질 듯한 선포를 들으면서 봄이 도래했음을 공식적으로 아는 것이다. 아무튼, 드디어 조금 따뜻해졌다는 데 어찌 기쁘지 않을 수 있겠는가?

이번 주는 미국 B-2 폭격기의 한반도 훈련 소식과 더불어, 한국인 번역가와 콜롬비아인 교수와의 업무 회의를 위해 서울 여기저기를 오다녔다. 번역가는 아르헨티나에서 오랫동안 살았던 한국인으로 역시 친구들로부터 메일이 쇄도했다고 했다. 방독면은 샀는지, 일본에 피난할 곳이 있는지 등 내가 들은 것과 비슷한 질문들이었다. 뭐, 올해는 조금 더 심각한 상황인가 봐요. 회 접시를 앞에 두고 번역가에게 넌지시 말했다. 대답 대신 이해한다는 미소를 보였다. 그녀도 다른 한국인들과 비슷한 이론을 가지고 있었다. 김정은은 자신의 호기로운 수사를 통해서 북한 인민들의 신임을 얻으려는 것이며, 어린 나이에 직위를 물려받았지만 아버지나 할아버지처럼 참전한 적이 없으므로 기회가 될 때마다 어떻게든 그들의 영광스러운 과거와 연결 지으려고 한다. 어떤 이들은 김정은이 뚱뚱한 이유가 할아버지인 김일성과 똑같은 이미지를 만들어내기 위해서 참모들이 세운 책략이라고 확신한다고도 했다.

번역가가 확실히 이 말을 믿고 있는지 아니면 스스로 진정시키기 위해 그냥 하는 말인지는 모를 일이다.

콜롬비아인 교수는 조금 더 신중한 모양이었다. 베르무데스 교수는 한국에 산 지 20년째인데 이렇게 불안한 건 처음이라고 했다. 우리는 그가 수업하는 대학의 커피숍에 앉아 대화를 나누고 있었다. 지난 목요일 콜롬비아 대사관으로부터 전화를 받았다고 했다. 키도 크고 손도 크며 굵은 목소리를 가진 베르무데스 교수는 2006년 10월, 북한이 핵실험에 성공해서 긴장감이 최고조에 달했을 때 대사관에서 자국민 대피 계획을 세웠다고 했다. 그 후로 7년이 지났고 지난주 대사관으로부터 전화를 받았으니 전쟁 시의 자국민 대피 계획이 시행되고 있다고 확신했다. "곧 대사관에서 이메일을 통해 자세한 내용을 공유할 겁니다." 옥수수 차를 쭉 들이마신 후 말했다. 우리는 헤어지면서 두려움이 섞인 농담을 나누고는 각자의 일상으로 돌아갔다. 지하철의 모든 사람이 평범한 하루를 보내고 있었다. 일그러진 표정이나 겁난 표정을 한 사람은 아무도 없었다. 과거를 그리는 듯한 한 노인만이 군용 재킷과 모자를 착용하고 있었다. 길을 건너다가 두어 명의 군인들과 마주쳤다. 그들의 눈에서 걱정과 두려움과 무모한 자부심을 읽어내려고 했지만, 아무것도 읽지 못했다. 집에 와서 빨래를 개는데 밖에서 누군가가 소리를 질러 화들짝 놀랐다. 그저 엄마가 아들을 혼내는 소리였다. 갑자기 어디선가 사이렌 소리가 들려 의자에서 벌떡 일어났다. 이윽고 소리는 오후의 교통 체증 가운데 곧 멀어졌다. 필시 구급차였을 것이다. 화분에 물을 주려고 창문으로 다가갔다. 집에서 바라보는 용산 미군 기지는 기이했다. 유령 같은 분위기를 풍기고 있었다. 어느 날 장을 본 후 택시를 탔는데, GPS에는 용산 미군 기지 내 어떠한 건물도 표시되지 않았던 게 기억났다. 2.5제곱킬로미터의 황무지 같았다. 화분에 물을 주는 동안 데이비드 번과 카에타노 벨로주의 음반을 들었다. 그 순간, 바로 지금의 나처럼 데이비드 번이 창밖을 바라보다가 쓴 노래가 있다는 것이 생각났다. '전쟁 중의 삶$^{Life\ During\ Wartime}$'. 이보다 더 적절한 제목이 있을까. 가사에는 "멀리서 들려오는 총소리 이제는 나도 익숙해져 가네"라는 대목이 있다. 앞으로 어떻게 될까? 세계에서 가장 중요한 경제 지역 중 한 곳에서 전쟁이 일어나는 건 이론상 누구에게도 이득이 없다. 만약 이렇게 전쟁이 발발할 경우 세계 경제는 곤두박질칠 것이고 지구는 변기 속으로 빨려 들어갈 것이다. 한 신문에서 읽은 작은 예시가 있다. 미국 대학들은 프로그램 수익의 큰 부분을 아시아 학생들로부터 버는데, 만약 전쟁이 터지면 미국의 캠퍼스에 몇만 불씩 돈을 낼 한국인, 중국인, 대만인, 일본인이 없어진다는 것이다. 뭐, 이런 덜떨어진 상식 밖의 이야기를 믿는 것은 아니다. 다만 김정은이 바라는 것이 북한 역사상 최고의 순교자로 죽음을 맞이하여 자신의 아버지나 할아버지보다 더 큰 동상으로 기억되는 게 아니기를 바란다. 나는 멀리서 들려오는 총소리에 익숙해지고 싶지 않다. 물론 걱정하지 않아도 된다는 걸 안다. 나는 콜롬비아 사람이고, 90년대 보고타의 고등학교에서 폭탄 테러에 대비한 모의 훈련을 한 뒤 록 콘서트에 가곤 했고, 대통령 후보가 암살당했다는 뉴스를 보고서도 친구들과 공원에서 술을 마시는 그런 곳에서 평범한 삶을 살던 소년이었다. 그러므로 나는 한국 사람들을 이해하고 전쟁의 위협이 영향을 미치지 못하는 이들의 일상도 이해한다.

*

아주 이상한 일이다. 한국에서는 일요일에만 느끼는 부담감을 가져본 적이 없다. 보고타에서는 꿈에서 죽은 가족을 보는 것만큼이나 힘든 기분이었는데.

*

크누트 함순의 《빅토리아》의 마지막 장을 막 덮었다. 1898년에 출간된 책이다. 기차 여행과 사냥과 의상에 대한 묘사가 빠진 《안나 카레니나》 같았다. 이 노르웨이판 《안나 카레니나》는 130페이지로 약 오십만 개의 단어가 쓰였다. 짧은 장들로 이루어진 《빅토리아》의 마지막이 어찌나 충격적인지 나도 모르게 탄식을 내뱉었다. 그중에서도 특히 머릿속을 떠나지 않는, 한동안 듣지도 읽지도 못했던 한 단어가 있었다. 심뇌. "푸른 옷을 입은 어머니는 심

봄 ___ 77

뇌하였다." 이 단어 하나가 어떻게 나를 이토록 뒤흔들 수 있는지. 아마 저녁이 가까워져 오는 오후, 해가 저물어갈 때 나의 외할머니가 쓰던 단어이기 때문일 것이다. 외할머니 집에서 5년을 살았다. 대학 시절을 온전히 그녀와 보냈다. 아침 식사 때마다 담배를 피웠고(이제는 끊은 지 오래되었고 새로운 취미로 그림을 그리신다), 처음 바지를 입고 외출한 날 이웃들이 얼마나 입방아를 찧었는지에 관한 이야기 따위를 유려한 말솜씨로 즐겨 들려주었다. 집에는 세계 곳곳을 돌아다니며 사 모은 보석들과 그 보석들이 보관된 금고, 금고를 지키는 프라하의 어린 예수상이 있었다. 나에게 너는 작가 이상의 뭣도 되지 않을 것이니 영원히 큰돈은 만지지 못할 거라는 솔직한 말, 일요일 점심에 외식하러 나갈 때 터번을 써서 내가 부끄러웠던 일, 하지만 동시에 그레타 가르보와 같이 있는 듯 느꼈던 일, 매일 밤 먹던 치즈 아레빠*, 외할머니만의 독특한 광기, 외할머니만의 심뇌를 생각했다. 곧 우리를 보러 올 거라고 말씀하셨다. 이제 86살이지만 아직도 세상 모든 것을 보고 싶어 한다. 서울의 어디에서 원단을 살 수 있는지 알고 싶어 하고, 장사꾼들과 흥정하고 싶어 하며, 내 냉장고를 검사하고 싶어 한다. 어느 날 외할머니는 내게 '회계'라고 적힌 장정 노트를 한 권 주었다. 1953년 누군가의 총에 살해당한 외할아버지의 일

---

* arepa. 옥수수 반죽으로 만든 케이크. 콜롬비아와 베네수엘라에서 주식으로 먹는다.

기였다. 이전에도 한 첩의 편지들과 전보와 엽서 묶음 등을 같이 보여준 적이 있었다. 제너럴 일렉트릭사의 토스터 박스에 보관해 둔 것들이었다. 세 딸을 남겨두고 남편이 세상을 떠났을 때, 외할머니는 26살이었다. 외할아버지가 지금의 내 나이, 36살에 비통한 사건으로 살해당했다는 걸 안 후로는 그 이미지가 나를 쫓아다닌다. 1인칭으로 쓰인 외할아버지의 일기장, 편지들과 더불어 외할머니는 아직도 책장에 있던 책들을 대부분 보관하고 있다. 어렸을 때 우리 집에는 백과사전집과 〈씨르쿨로 데 렉토레스*〉의 추천작들만 있었다. 그래서 나는 토요일 오후가 되면 외할아버지의 책을 읽곤 했다. 외할머니와 살기 시작한 첫 몇 달 동안 나는 《지하로부터의 수기》와《젊은 베르테르의 슬픔》,《우주 전쟁》을 읽었다. 그때 나는 19살이었다.《마의 산》속 책장의 여백에 적힌 외할아버지의 메모와 초록색으로 밑줄 그어진 단어들을 보면 마음이 산란해졌다. 저녁이 되어 법원이나 커피 농장에서 집으로 돌아가는 길에 한스 카스토르프를 생각하는 외할아버지를 상상해 보았다. 외할아버지의 책 중에 가장 아름다운 책은《돈키호테》1934년 출판본으로 슬쩍 훔치려고 몇 번 시도했었다. 하지만 내가 외할머니와 살던 첫 몇 달 동안 진짜로 읽고 싶었던 건 외할아버지의 일기장이었고 외할머니와 동거한 지 1년째 되던 날 그

---

* *Círculo de Lectores*. 스페인 바르셀로나에서 발행되는 독서 클럽 잡지.

책을 받게 되었다. 보수당 정치인의 외아들로 태어나 지방 변호사로 활동하다가 자유주의자와의 논쟁 후 마을 광장에서 두 발의 총알을 맞고 사망한 내 외할아버지에 대한 모든 것이 알고 싶었다. 일기 중 친구의 자살 시도에 관해 쓴 부분이 아직도 기억에 남는다. 그 여자 친구는 수면제인 베로날을 삼킨 다음 불을 끄고 탱고를 들었다고 한다. 아내와 딸들을 데리고 부에노스아이레스 여행을 떠나기 위해 모든 준비를 마친 후 쓴 일기장의 마지막 문장은 영원히 내 머릿속에서 지워지지 않을 것이다.

"나는 기적을, 불가사의를, 아니, 죽음을 기다리고 있다."

*

콜롬비아 대사관이 한국에 거주하는 콜롬비아인들에게 보낸 이메일에는 아래와 같이 쓰여 있었다.

"경계 태세 알림이 아닌 단순 정보 공유차 말씀드립니다. 우리 대사관은 수 해 전부터 비상 상황이 발생할 경우 신중하게 대응하기 위해 주기적으로 콜롬비아 국민 대피 계획을 상시 수립하여 대비하고 있습니다."

혹시나 저 '계획'이라는 게 무엇인지 좀 더 명확한 정보를 알 수 있을까 싶어 베르무데스 교수에게 전화했다. 그러나 그도 아는 것이 없었다. 완벽한 수수께끼지요, 그가 대답했다. 내 짐작에는 응급처치함과 쌀 한 봉지, 생수 두어 병 정도를 각 가정에 보급하는 게 전부일 것이다. 콜롬비아 대사관이 있는 광화문 교보생명 1층 로비에 모인다든가 거기에서 옥상까지 올라가 우리를 대피시킬 헬리콥터를 탄다든가 하는 일은 없을 것이다. '사이공 해방'의 날에 찍힌 사진들처럼 말이다.

*

내가 태어난 안데스산맥의 도시는 1년 내내 가을 날씨다. 그런데도 내가 나고 자란 열대의 빛은, 한국에서 반사되는 빛과는 무척 다르다. 내 유년기와 청소년기의 빛은 너무도 직접적이라 사물을 쏘아보는 것 같았고, 사람들의 눈을 아프게 했다. 한국의 온화한 빛 아래에서는 오후의 그림자가 더욱 길어 보인다.

*

전쟁의 진짜 결과:

어제, 지난 2주간 SUV 차량의 판매율이 떨어졌다는 뉴스를 보았다. 전쟁이 일어날 경우, SUV 차량을 가진 사람들은 즉시 군대에 차량을 넘겨주어 군부대 및 전쟁 물자 이동에 협조할 의무가 있다.

*

다시 돌아와서 북한에 관련된 얘기를 하자면 아래와 같다.

딱 한 다리만 걸치면 나와 김정은은 아는 사이가 된다. 콜롬비아 잡지사에 다닐 때 한 직장 동료가 90년대에 김정은을 알았다. 당시 동료의 아버지는 주스위스 콜롬비아 대사였고 그녀는 베르나의 국제학교에 다녔다. 4학년 아래 '박철'이라고 하는 소년이 있었다. 금요일마다 학교 전 학생이 스키를 타러 갔고, 여름에는 학교 친구들과 아레Aar강에 놀러 가곤 했다. 소년은 항상 청바지에 티셔츠를 입었고 축구 경기장에서 떠나지 않았다. 수학은 잘했지만, 영어에는 젬병이었다. 김정은이 북한의 지도자가 되던 날, 추대식을 보고 있던 내 동료가 그를 알아봤다. 한 라디오방송에서 그녀를 인터뷰하러 왔다. "부끄러움을 많이 탔어요. 평범한 애들처럼요." 나는 궁금하다. 혹시라도 김정은이 내 옛 동료를 짝사랑한 적이 있는지, 아니면 특별히 미워했는지. 그렇든 말든 당시에는 큰 상관이 없었겠으나 지금은 둘 중에 하나라도 해당된다면 그건 엄청난 사건이다. 긴장된 미소와 조금 쉰 목소리, 어딘지 서툰 모습의 그녀를 내가 이 순간 기억하는 것처럼 김정은도 내 옛 동료를 가끔 떠올릴까?

*

이틀이 지났지만 여전히 머릿속에서 함순의 책이 맴돈다. 한국에서 단 한 명이라도 《빅토리아》를 읽은 사람이 있을지 궁금하다. 5천만 인구 중에 그 책을 가진 사람이 나 하나밖에 없을 수도 있다고 생각하니 어쩔 수 없이 서글퍼진다. 서양에서 가장 많이 읽힌 노벨상 수상 작가가 쓴 오래된 책인데도 말이다. 한편으로는 바보 같기도 하다. 콜롬비아에서 고은 시인의 책을 가진 사람은 얼마나 있다고.

보고타 집에는 함순의 책이 몇 권 있다. 그중에서도 《굶주림》은 영어판과 스페인어판을 모두 갖고 있다. '부랑자 삼부작'은 6개월 동안 뉴저지에 살러 갈 때 친구가 선물해주었다. 스무 살 무렵이었다. 지금 나는 서울에서 살고 있고 내 인생의 삼부작에서 제2부를 보내고 있다고 볼 수 있겠다. 15년 뒤 50살이 되었을 때는 내가 어디 있을지 누가 알겠는가. 그저 시력을 유지해서 함순의 책을 읽을 수 있기를 바랄 뿐이다. 1890년, 《굶주림》을 쓸 용기를 가졌던 그는 이렇게 말했다. "이것은 소설이 아니다. 결혼식 장면도 없고, 시골로 소풍을 가지도 않고, 지휘관 저택에서의 무도회 장면도 없다. 이것은 상처받기 쉬운 인간의 영혼이 가진 조심스러운 감정의 흔들림과, 그 비정상적인 머릿속의 삶과, 굶주림에 잡아먹힌 신체 속 신경계의 이상함에 관한 책이다." 《굶주림》 영문판은 뉴저지를 떠나기 일주일 전에 샀다. 가진 돈으로는 하루에 한 끼밖에 못 사 먹던 시절이었다. 너무 배가 고파서 중국 식당에 들러 최대한 양이 많은 것을 먹고는 돌아와서 이 책을 읽었다. 당시 터키 출신의 친구가 내어준 집의 거실에서 침낭에 들어가 책을 펼쳤다. 그 순간에는 행복했던 기억이 난다. 행복의 의미가 무엇이었건 간에 말이다.

*

아직 불바다 속에서 헤엄치지 않고 있으니, 우리는 북촌으로 나가 한 찻집에 들어갔다. 다섯 가지 맛(쓴맛, 단맛, 짠맛, 매운맛, 신맛)이 난다는 오미자차를 주문했다. 신장에 좋은 차라고 했다. 찻집 안뜰을 가꾸는 남자를 바라보면서, 다리를 구부리고 마루에 앉아 차를 마셨다. 이제는 양반다리로 15분 이상 앉아 있어도 쥐가 나지 않는다. 문득, 오리엔탈리즘에 흠뻑 젖은 오후의 나 자신이 너무도 어리석은 기분이 들었다. 수치스러움이 울컥 올라오는 가운데, 아시아를 여행한 최초의 콜롬비아인인 니콜라스 탄코 아르메로 Nicolas Tanco Armero의 기묘한 삶이 생각났다. 콜롬비아 북부 도시 카르테헤나를 떠났을 때 그의 나이는 21살이었다. 설탕 농장에서 일하기 위해 쿠바의 하바나로 향하던 참이었다. 그곳에서 그는 쿨리(중국인 노동자)들을 들여오기 위해 중국에 보내졌다. 19세기 중반, 아편 무역이 절정에 이른 시기에 홍콩항에 도착했다. 영국인을 제외한 외국인은 손에 꼽히던 시절의 중국에서 3년을 살았다. 탄코는 중국에 관한 책과 일본에 관한 책, 이렇게 두 권의 책을 썼다. 나는 휘청거리며 남한에 관한 책을 쓴다. 콜롬비아인들에게는 먼 나라 전쟁 소식 이상의 정보가 없는 곳이다. 내가 쓰는 책은 나의 일상이며, 전통 찻집에서 혼자 차를 마시는 것을 정당화하기 위한 '약탈 증명서' 같은 것이다. 차를 홀짝일 때마다 내 신장의 결석들이 희석되기를 빈다. 참고로 아직은 괜찮다. 딱히 서울의 의료 서비스를 경험하고 싶은 마음은 없다. 의사를 찾아 아랍에미리트에서 한국으로 오는 사람들이 있다는 얘기를 들었어도 말이다.

*

문 앞에 누군가가 전단을 붙여놓았다. 보통은 배달 음식 광고지만 이번에는 달랐다. 어떤 전단인지 해독해낼 수가 없었다. 구겨서 버리는 대신에 식탁에 올려놓았다. 저녁에 귀가한 수정에게 광고지를 보여주었다. 수정은 내게 불법 사채 전단이라고 했다. 전화 한 통이면 보증인이나 추가 서류 없이 거액을 빌려준다고 했다. 그들이 주는 서류에 사인만 하면 된다고, 특별할 것 없는 서비스라고 했다. 그럼 돈은 어떻게 갚느냐고 물었다. 돈을 안 갚으면 찾아가서 두드려 패거나 더 험한 일을 당한다고 했다. 잠자리에 들기 전에 수정은 불법 사채에 관한 오래된 소문을 들려주었다. 사채업자들은 돈을 갚지 못하는 사람들을 먼 남쪽 섬에 데려가서 멸치잡이 어선에 노예로 판다는 것이었다.

*

이게 무슨 일이지? 점심으로 치즈가 들어간 소고기 타코를 만드는 대신에 쌀밥을 지어 나물을 꺼내고 생선을 굽고 있다. 미역국이라도 있었으면 한 그릇 떴을 텐데.

*

점심을 먹은 지 두 시간이 지났다. 치즈가 들어간 소고기 타코를 만들기로 했다.

*

4월 9일, 그러니까 어제도 전쟁은 일어나지 않았다. 긴급 대피도 하지 않았다. 방공호로 설계된 녹사평역까지 세 블록을 급하게 뛰어갈 필요가 없었다는 말이다.

*

번역 아틀리에가 시작되었다. 아버지가 젊었을 때 입었던 트위드 재킷을 꺼내 입고 가죽 구두에 광을 냈다. 면도도 했다. 나의 학생들은 서른 즈음의 네 명이 전부다. 한국인 두 명, 멕시코인 한 명, 아르헨티나인 한 명. 수업을 소개하면서 유튜브에서 본 한 영상에 관해 들려주었다. 무엇을 찾다가 거기까지 이르게 되었는지는 기억나지 않지만, 대학 시절 수업을 들은 적이 있는 한 교수의 인터뷰를 보게 되었다. 야스나리 가와바타를 비롯한 주요 일본 문학작품을 스페인어로 번역한 교수였다. 하이메 바레라[Jaime Barrera] 교수는 비디오 인터뷰 중에 번역가로서의 도전에 관해 이야기했는데, 이걸 보니 내가 왜 학생들을 가르칠 수 없는지 확실해졌다. 너무도 자연스러운 비유로, 허버트 본 카라얀[Herbert von Karajan]이 베토벤 심포니 9번을 347회나 지휘했는데 공연마다 각각 달랐다는 이야기를 15분가량 들려주었다. 그리고선 옆으로 살짝 빠져 로마인 호라티우스[Horace]의 "우정은 나의 또 다른 부분이다"라는 문장과 비슷한 내용의 얘기를 했다가, 아리스토텔레스의 '정당한 전쟁'과 연관시켰다. 정당한 전쟁이란 정의와는 아무런 상관이 없는 것이고, 전쟁이라는 행위는 두 당사자 간에 상실된 믿음과 사랑을 재건하기 위한 필요성으로부터 탄생한다고 했다. 이 내용을 듣고 있자니 아주 잠깐이지만, 그 강의실이 그리워졌다. 나는 그 학창 시절에서 가능한 한 빨리 빠져나오려고 했었다. 영상이 중간 정도 지날 때쯤, 바레라 교수는 가와바타의 단편을 번역했던 경험을 들려주기 시작했다. 아무리 번역해도 만족스럽지 않았던 한 장면이 있었는데, 단편의 주인공인 노교수가 30년 만에 재회한 여자를 알아보지 못하다가 작별 후 계단을 내려가는 모습을 보고 드디어 누구인지 기억해내는 부분이었다. 노교수에게 다가간 여자는 30년 전에 바닷가 근처를 걸었던 일을 오랫동안 얘기한다. 하지만 대화를 하는 동안 노교수는 관계를 맺었던 이 여자를 도무지 기억하지 못해 괴로워한다. 바레라 교수는, 여자가 나가는 순간의 즉각적인 슬픔과 안도감을 묘사한 가와바타의 단어들을 번역하는 것이 고문이었다고 했다.

여기에 바로 실용성만을 지향하지 않는 번역의 핵심이 있습니다. 나는 학생들에게 격앙된 목소리로 말했다. 원작의 언어를 망치로 두드려서 인내심 있는 사람들만 알아볼 수 있는 숨겨진 부분, 부정마저 가능한 부분을 찾아내고 녹실녹실하게 만들어야 한다. 번역가의 임무란 완벽한 문장을 찾거나 어법 때문에 고심하거나 혹은 단락의 리듬을 잡아내는 데 집중하는 것과는 거리가 멀다. 번역가는 작가의 세계를 이해하여 옮겨야 한다. 마치 집 한 채를 해체해서 모든 자재를 싣고 바다를 건너 다른 땅에다가 원래 집과 같은 새집을 짓는 것과 같다. 단순한 복사판을 만드는 것이 아니다. 그런 건 불가능하다.

이를 위해서 번역가는 사랑에 빠진 군인이 몇 달간 기다려온 연인의 편지를 읽는 열정으로 원작을 읽어야 한다. 그다음에는 자기가 발견해낸 새로운 세계를 설명할 공식을 찾아내려는 물리학자처럼 집요한 마음가짐으로 다시 한번 글을 읽어야 한다. 그리하여 드디어, 두 번의 정독 후에, 음악가의 청각에 의지하여 번역을 시작해야 한다. 가장 중요한 단계다. 번역이라는 일은 음악가처럼 악기를 정확하게 조율한 뒤 그 악기 줄이 공명하여 울림을 만들어내기까지의 기다림을 수반한다. 김인숙이나 황석영, 박민규의 문장이 잘 번역되었다면 그것은 바로 그 울림 때문이다. 번역된 언어로 재 연주되는 것이다.

    이러한 생각을 최대한 잘 설명하려고 했으나 학생들에게는 격앙된 이상주의자의 말처럼 들렸을 뿐이다. 그래도 기운을 잃지 않았다. 수업 시간이 빨리 지나갔다. 그게 제일 중요하다.

*

'팬티'. 여자 속옷과 남자 속옷을 지칭하는 말이 똑같다는 건 무엇을 의미하는 걸까. 다른 나라에선 여자 속옷만 저렇게 부른다. 외국인에게 '할머니의 팬티'와 '할아버지의 팬티'는 매우 다르다. 어떻게 이 두 개가 한국인들에게는 같을 수 있지?

*

지난주, KBS 월드 라디오의 한 프로듀서에게 이력서를 보냈다. 베르무데스 교수가 몇 년간 일하던 공영 라디오방송국의 스페인어 부서였다. 오늘 오후, 내일 KBS 방송국으로 오라는 메일을 받았다. 간단한 작문 테스트를 하고 내 목소리가 뉴스를 읽는 데 적합한지 테스트했다. 어쩌면 라디오방송국이 나의 미래가 될지도 모른다.

안녕하십니까, 안드레스 펠리페 솔라노입니다. 오늘의 주요 뉴스를 말씀드리겠습니다. 오늘 서울은 봄기운이 한창입니다. 마스크를 착용하지 않으셔도 됩니다. 중국 고비사막에서 불어오던 황사가 드디어 물러갔기 때문입니다. 다음은 백화점이나 공항에 설치된 대형 마사지 의자 구매 바람이 한국의 각 가정에 불고 있다는 신기한 소식을 알려드리겠습니다. 그럼 이제부터, 남한에 폭탄을 끝없이 투하하겠다는 김정은의 말을 들어보시겠습니다.

*

테스트를 통과했다. 아니, 그랬다고 믿고 있다. 아주 빠르게 진행되었다. 총 15분에서 20분 정도. 영어 뉴스를 스페인어로 번역해서 녹음 스튜디오에 들어가 마이크를 앞에 두고 뉴스를 읽었다. 들어가기 전에 한국어 지명과 사람 이름을 정확하게 발음하려고 메모했다. 뉴스를 읽기 위해 목소리를 조금 가다듬었다. 온에어 사인에 빨간 불이 들어오자 왼쪽 무릎이 후들거렸다. 스튜디오에 들어가 있는 나 자신이 울프맨 잭Wolfman Jack처럼 느껴졌다. 첫 소설에서 그에 관해 쓴 적이 있는데, 잭은 50년대 말 멕시코와 미국 국경에서 매일 자정 해적 방송을 하던 특이한 라디오 디제이였다. 그의 방송을 듣던 청취자들에 의하면 이 수수께끼의 디제이가(그의 진짜 신분은 수년간 비밀이었다) 리치 발렌스Rich Valens, 폴 앙카Paul Anka, 더 코스터스The Coasters를 트는 동안 총소리가 들리기도 했다고 한다. 울프맨 잭은 외로운 사람들에게 음악이라는 동반자를 보내고, 멘트를 통해 청취자들을 위로하는 것이 자기 삶의 임무라고 했다.

*

수정이 미용실에 가더니 가짜 속눈썹을 붙이고 돌아왔다. 첫 시도였다. 미용사가 한 가닥씩 집게로 눈썹에 올리느라 한 시간은 족히 걸리는 힘든 일이다. 수정의 가짜 속눈썹은 60년대 말 우리 어머니가 붙이던 속눈썹과는 꽤 다르다. 콜롬비아 집의 한 서랍 속 작은 플라스틱 상자에 들어 있던, 한 번도 사용한 적 없는 가짜 속눈썹 한 쌍이 기억났다. 그 속눈썹을 붙이고 뉴욕 퀸스를 누비던 19세의 어머니를 상상했다. 6개월 동안 세인트루이스에 살다가 이사한 동네였다. 그 시절에 관한 이야기 중 내가 가장 좋아하는 건 필름 회사인 아그파에서 현상실 보조로 일하던 때의 이야기다. 어떨 땐 아마추어 포르노 사진을 현상하기도 했다. 한 달을 꼬박 일해 모은 돈으로 매디슨 스퀘어 가든에서 열린 산드로 Sandro의 콘서트 티켓을 샀다고 했다. 그 공간에서 공연하는 첫 번째 남미 뮤지션이었다. 빨간 미니스커트에 가짜 속눈썹을 붙이고 미친 듯이 소리를 지르던 어머니가 눈에 선하다. "밤은 그대의 머리카락 속에서 길을 잃었네. 달은 그대의 피부를 움켜쥐었고, 바다는 질투하여 그대의 눈 속에 있기를 원하네"라는 가사를 들었을 땐 아마, 마스카라로 얼룩진 눈물이 뺨을 타고 흘렀을 것이다. 어쩌면 어머니가 아버지와 결혼한 이유는 그의 마초 같은 면이 산드로와 묘하게 닮았기 때문일지도 모른다. 풍성한 구레나룻과 굵은 눈썹, 커다란 금색 펜던트 메달이 항상 붙어 있는 가슴팍, 그리고 순수해 보이면서도 색기 어린 환한 미소. 지금 생각난 건데 아내도 내가 자기가 좋아하는 일본 배우를 많이 닮았다고 했다. '오다기리 조'라는 배우다. 처음 그 얘기를 듣고는 한 30분 동안 그의 사진을 인터넷으로 찾아봤다. 아는 사람들이 모두 저 멀리에 사는 요즘이라면, 오다기리 조의 머리 모양을 해볼 수 있을 것 같다. 패션 스타일도 따르기에는 돈이 너무 많이 들 것 같다.

*

한 번이라도 성형수술을 생각해본 적이 있는지 아내에게 물었다.

아내는 생각해본 적 없다고 대답했다. 그리고선 미간 사이를 만졌다. 나는 아내의 작은 코가 너무 좋다. 하지만 미간 사이에 뼈가 조금 더 나왔으면 하는 아내의 마음도 이해한다. 그럼, 옆에서 봤을 때 코가 쭉 뻗어 보일 것이다.

이 성형수술 유행 현상이 딱히 놀랍지는 않다. 외국에서도 다들 하니까. 제임스 그레이엄 밸러드[J.G Ballard]라는 작가의 이야기도 떠오른다. 수술 전후의 변화가 너무도 극단적이라 많은 여성이(그리고 남성이) 과거가 없는 사람으로, 피를 나눈 가족의 흔적을 찾을 수 없는 사람으로 변한다. 아마 이런 이유로 어머니들이 새로운 외모의 딸이나 아들과 닮기 위해 성형수술을 하기도 하는 것일지도. 얼마 전 길을 걷다가 역대 최고의 성형외과 간판을 보았다. '뉴 스타트'. 컴퓨터 '포맷', 혹은 기독교에서 말하는 '부활' 같은 뉘앙스다. 그럼 이전의 사진들은 다 어떻게 할까? 디지털 사진은 지우면 될 것이다. 그럼 현상된 사진은? 태울까? 아니면 이전의 삶을 증명하기 위해 간직해둘까? 그들의 자손들을 생각하며 묻는다. 자기와 하나도 닮지 않은 부모와 조부모 아래에서 자라다 어느 순간이 되면 그들과 닮은 외모로 수술을 받겠지. 얼마 전 성형수술 열풍이 손금에까지 미쳤다는 기사를 읽었다. 손바닥에 그어진 줄을 바꾸는 수술까지 있다는 얘기다. 아무리 그래도 이건 진짜 바보 같은 짓이라고 생각한다.

KBS로부터 얼어 죽을 한마디도 듣지 못했다. 테스트가 끝난 후 피디는 내 이력서가 자기들 데이터뱅크에 전달되었으니 필요할 때 연락이 갈 거라고 했었다. 보아하니 내 목소리는 외로운 사람과 함께하지도, 괴로운 사람을 위로하지도 못할 듯하다.

*

〈아홉 켤레의 구두로 남은 사내〉를 다 읽고 만족감에 다리를 쭉 뻗어 기지개를 켰다. 이 책이야말로 내가 찾던 작품이다. 1977년에 출간된 한국 단편에 기대할 만한 주제를 담고 있기는 하다. 한국의 급격한 산업화와 도시 생활의 인간소외. 하지만 노동의 세계에 새로 발을 들인 지식인 출신 주인공의 투쟁에 작가의 섬세함과 유머가 녹아들어 종국에는 감동적이었다. '권'이라는 성을 가진 사내는 가난과 불운으로부터 딱 한 발짝 정도 떨어져 있다. 최선을 다해 휘청거리는 삶을 유지한다. 그의 주변에는 어설픈 공갈꾼과 질투에 휩싸인 직장 동료, 예전 군대 동기에 관한 처참한 기억, 전투에서의 주검, 개업한 지 얼마 안 된 공장에서 처음 일을 시작한 여자, 안기부 직원의 지시로 주변을 염탐하는 이웃, 마지막 순간에 후회하는 사람들이 있다. 〈아홉 켤레의 구두로 남은 사내〉에는 어깨에 전쟁을 짊어지고 번영과 콘크리트에 집착하는 독재자의 지휘하에 놓인 한 국가의 분위기가 그대로 담겨 있다. 번역상 심사위원으로서, 지금까지 본 작품 중 단연코 가장 마음에 든 후보작이다.

*

카카오톡으로 리처드의 메시지가 도착했다.

"마트 시식 코너에서 소시지 말고 보드카 시음함. 샷으로 네 잔 마심. 고향의 맛임."

문워크를 하는 마이클 잭슨 차림의 이모티콘을 같이 보내왔다.

리처드는 한동안 소식이 없었다. 학교에서의 문학 강의 외에 한국인과 한국의 산에 관한 책을 집필하고 있었다. 마지막으로 본 날 해준 얘기로는 한국 인구의 3분의 1, 약 천오백만 명의 사람들이 주말에 산에 간다고 했다. 가끔 이들 등산객이야말로 한국 유일의 진짜 도시 부족 Urban Tribe 이 아닐까 생각한다. 급진적인 펑크족이나 메탈족, 혹은 일본의 갸루 같은 특이한 집단은 없지만, 한국에는 등산객이 있다. 나의 뒤틀린 머리로 산꼭대기에 모인 여자들과 남자들이 월요일부터 금요일까지 자신을 구속했던 사회의 규율들을 모조리 위반하는 상상을 한다. 술을 마시는 것뿐만이 아니라(실제로 일요일 오후 다섯 시의 지하철에서는 등산객들의 소주 냄새가 흠씬 풍긴다) 그룹 섹스를 하거나 천연 마약이라도 하는 상상이다.

물론, 이건 전부 나의 몽상일 뿐이다.

*

미국의 한 문학 잡지사로부터 범죄와 관련된 단편을 써 놓은 게 있는지 문의하는 이메일을 받았다. 나는 곧바로 있다고, 그런데 한 번 손봐야 한다고 대답했다. 베리 굿, 이라고 답변이 왔다. 한 달 안에 그 글을 보내기로 했다. 그런데 사실은 그런 단편은 단 한 줄도 쓰지 않았다. 지난겨울부터 머릿속을 맴도는 아이디어가 있긴 하다. 어릴 적 마이애미 여행에서 떠올렸던 글감이다. 어느 날 식당에서 본 커플의 장면과 엮으려고 한다. 일본인들이었는데 관광객처럼 보이진 않았다. 참고로 나는 이제 한국인, 중국인, 일본인을 구분할 수 있다. 아무튼, 그날 식사하면서 마신 소주 한 병 때문인지는 몰라도 그 일본인들을 보자 출장 중인 청부 살인 업자일 거라는 생각이 문득 들었다. 살찌고 나이든 한 남자와 여자처럼 이목구비가 뚜렷하고 마른 남자가 눈에 보이는 모든 것을 사진으로 찍었다. 테이블에 놓인 음식, 건배하기 직전 잔에 담긴 술, 젓가락까지. 다시 한번 말하지만, 관광객 같지는 않았다. 그들에게는 뭔가 이상한 게 있었는데, 서로 다른 세상에 대한 이해랄까, 친구도 가족도 없이 오랜 시간을 함께 보내온 각자의 시간을 이해하는 듯한 분위기가 흘렀다. 공통의 용무가 있어 함께 한국을 방문한 게 틀림없었다. 불법적인 용무 말이다. 이들은 단 한 번도 웃지 않았고 서로 거의 말도 하지 않았다. 단지 식당 입구까지 놓치지 않고 찍었을 뿐이다.

*

오늘의 문학적 순간 :
  수업 중 한국 학생이 '사시'라는 단어를 '애매모호한 눈'이라고 번역했다.

*

우울해지기 일보 직전이었다. 할 일이 너무 많은데 인터넷을 하느라 시간을 허비해버렸다. 번역 수업 전에 학생들의 번역본을 살펴

봐야 하고, 번역상 후보작들도 두어 권 더 봐야 하고, 미국 문학 잡지에 보낼 단편도 시작해야 한다. 3주 안에 완성해야 하는 범죄 단편에 쓸만한 글감을 하나 찾긴 했다. 잡지에서 본 시계 판매상에 관한 이야기였다. 이 사람은 희귀한 남성용 명품 손목시계를 사고판다. 카르티에, 롤렉스, 오메가 같은 것이다. 자신의 고객 중에는 배우나 사업가, 스포츠 선수 특히 야구 선수가 여럿 있다고 한다. 그는 미국 전역을 다니며 특별한 시계를 찾는다. 그의 홈페이지에 들어가 보았다. 세상에서 제일 못 만든, 1998년 이후로 업데이트를 멈춘 듯한 홈페이지였다. 이제 나는 이 명품 시계 딜러와 마이애미와 그곳에서 본 미래형 테마파크 엡콧 센터와 휴가인지 출장인지 모를 범죄 조직 같았던 남자들을 모두 뒤섞어 하나의 이야기로 만들어내야 한다!

*

"글을 쓸 때면, 팔다리는 없고 입에다 크레파스를 문 기분이야."

_커트 보니것

*

얼마 전 있었던 수정 친구의 결혼식 때문에 나의 결혼식이 생각났다. 2009년에 보고타에서 한번 식을 올리는 것으로 모자라 다음 해 16세기에 지어진 부산의 향교에서 한국 전통식 혼례를 한 번 더 올렸다. 1929년에 출간된 《결혼과 도덕$^{Marriage\ and\ Morals}$》의 저자 버트런드 러셀과 비슷한 사상을 가진 내가 말이다. 러셀은 "실험적 결혼 혹은 동반자적 결혼"을 옹호하며 두 젊은이가 공식적으로 함께하려면, 반드시 결혼해야 한다거나 아이를 가져야 한다는 기대 없는 섹스가 정당한 관계여야만 한다고 주장했다. 같은 책에서는 합의된 자유로운 성관계도 옹호하고 있었다.

*

가끔 결혼식장에 가거나 길에서 마음에 드는 여자를 볼 때면, 다섯 번 결혼한 러셀 선생을 떠올린다. 혹은 세상을 떠난 노벨문학상 수상자이자 내가 사랑하는 작가 솔 벨로를 생각한다. 그는 더 많은 결혼식을 올렸다. 뭐가 더 나은지는 잘 모르겠다. 수정과 평화롭게 살며 달콤하지만 지루함 속에서 늙어가는 것, 아니면 각각 다른 취향의 매니큐어를 칠하고, 각각 다른 주사^{酒邪}가 있으며, 각각 다른 방식으로 작별의 키스를 하고, 각각 다른 책에 집중하며, 각각 다른 방식으로 짜증을 내면서 소리를 지르는 여자들 여럿을 연달아서 혹은 동시에 사랑할 수 있다고 믿으며 사는 것 중에서 말이다.

*

지하철을 타자마자 그녀가 눈에 들어왔다. 번역원 수업을 마치고 돌아오는 길이었다. 비어 있던 내 옆자리에 앉자마자 악보를 꺼냈다. 그러면서 악보를 따라 흥얼거리기 시작했다. 갈수록 목소리가 높아졌다. 처음에는 약간 미친 음악가라 생각했다. 이제 아무도 찾지 않는 외로운 피아니스트 같은. 하지만 이윽고 악보를 챙겨 넣더니 영어로 내게 말을 걸었다. 눈을 정면으로 쳐다보며 악마를 조심하라고 했다. 한국에서는 악마가 무당을 이용해 사람들에게 접근하고 그들을 유혹한다고 말했다. 이 나라에서 기독교인들은 하나의 군부대다. 어떨 땐 집까지 찾아오는데 내가 한국어를 못한다는 걸 알아채고서는 실망한 모습으로 돌아가기도 한다. 나는 다음 역에서 내릴 참이었으므로 일부러 대화에 기름 한 통을 부어 불을 질러버렸다. 나에게 악마란 자신의 종교를 이용해서 다른 사람들을 바꾸려는 모든 형태의 것들이라고 말했다. 그랬더니 그녀는 거품을 뿜으며 떠들어댔다. 나는 여자를 두고 내렸다.

*

종종, 친구들이 내 삶에 대해 어떻게 생각할까 궁금하다. 친구들은 거의 다 글쟁이다. 음악가 한 명과(이 친구도 소설을 50페이지가량 쓴 적은 있다) 드라마틱한 일상을 잘 써 낼 수 있을 것 같은 사진작가 하나를 제외하고선 말이다. 사진작가 친구가 글을 쓰려고 마음만 먹었다면 보고타의 토마스 베른하르트나 페터 한트케 정도는 되었을 텐데. 겨울에 읽었던 독일 작가 게나치노도 좋아했을 것이다. 다음 문장들을 읽으면서 침을 질질 흘렸을지도.

"나 자신에 너무 지쳐 이발소에 가기로 했다. 적어도 오늘 일어난 일은 합리적이었다는 기분이 든다. 머릿속을 지배하는 광적인 생각을 떨치려면 다른 방법이 없으므로 두 번이나 집을 나섰다. 산만함을 빼면 네 인생이 아니지. 나직한 목소리로 자신에게 말한다. 사라지고 싶어서 생기는 초조함이 아닌 다른 것에 집중을 해보라고."

내 친구들은 내가 한국에서 살고 있다는 사실에 대해 어떻게 생각할까, 아시아 여자와 결혼해서, 글로 벌어 먹고살겠다는 미친 생각을 고수하고 있다는 사실에 대해 뭐라고 말할지 궁금하다. 보고타에 살았다면 그저 사무실에 붙잡혀 있었을 텐데, 그 대신에 작가로 살아갈 수 있다고 믿는 나라는 몽상가를 보며 동정심을 느낄지 모르겠다. 아니면 정반대로 나에게는 말하지 않은 질투를 느끼고 있을지도. 상사도 부하 직원도 없고 어머니, 아버지, 형제도 가까이 없다. 내 모든 인간관계는 수평적이다. 나는 사람들과 점점 더 멀어지고 있고, 이러다 그냥 유령이 되어버릴지도 모른다는 해로운 생각만 빈번해진다. 나나 친구들 모두 메일 같은 건 서로 보내지도 않고, 보낸다 하더라도 아주 가끔이다. 모두가 각자의 삶에 몰두해 있다. 어떤 친구는 얼마 전 거머쥔 권력 한 덩어리에, 또 다른 친구는 가족 아니면 마약에, 그것도 아니면 나는 모르는 다른 무언가에 전념한다. 15살 때 만나 30대까지 수천 시간을 함께 보냈다. 너무하다 싶을 정도로 붙어 다녔다. 너무 가까워서 피곤한 관계. 오랫동안 해왔던 그대로 다시 한번 한곳에 모여 앉아 술을 마시며 지칠 줄 모르고 똑같은 얘기를 나누는 것에 대해 이제는 우리 모두 두려움을 느끼고 있는 것 같다. 같은 이야기 반복하기와 닳아빠진 농담 끝없이 지껄이기가 위협으로 떠다닌다. 새로 사귄 친구들과는 저런 시절을 공유하지 않는다는 걸 깨닫고 나니 모든 것이 두렵고 복잡하다. 새로운 친구는, 그런 친구가 있기라도 한다면, 언제나 나의 예전 친구들과 비교될 것이고 어떤 부분에서는 내 삶을 침해하는 사람이 될 것이다. 친구들이 그립고 모두 여기에서 볼 수 있었으면 좋겠다. 서울 어느 야시장에 모여 앉아 있는 모습을 상상한다. 그 모습을 떠올리니 한편으로는 좀 두렵기도 하다.

*

램프 하나로 삶이 바뀔 수 있다. 어제 동대문에서 산 램프로 주방이 무척이나 아늑해졌다. 이 어마어마한 규모의 시장에 여전히 저녁 7시에 열어 오전 5시에 문을 닫는 가게들이 있다는 사실이 대단하게 느껴진다. 램프를 산 다음 원단을 파는 가게들을 구경하러 갔다. 남녀를 막론하고 머리부터 발끝까지 이런 가게에서 나온 천으로 만든 옷을 입는다. 얼마 전까지는 무슨 패션 위크인가에서 선보였던 호랑이 머리가 그려진 겐조 스웨터가 유행했었다. 동대문에 오면 훨씬 더 강렬한 색에 눈이 살짝 삐뚤어진 그 스웨터를 만날 수 있다. 가게 점원 한 명이 내가 스페인어를 하는 걸 듣더니 곧바로 다가와 물었다. "부스까 알고? 부스까 알고? 떼네모스 바라또(찾는 거 있어요? 싸게 줄게요)." 나는 대답 대신 그의 발음에 관해서, 그리고 남미와 콜롬비아와는 아무 상관없는 말을 장황하게 늘어놓았다. 그녀는 속사포 같은 내 말을 듣고는 당황했다. 미소를 지었지만, 내가 가끔 기겁했을 때 짓는 표정과 같은 눈동자를 보았다. 오토바이를 탄 남자가 갑자기 길가에서 헬멧을 벗어 길을 물었을 때 당황한 내 모습 같았다. 가끔은 버스에서 내 옆 사람이 도대체 무슨 말을 하는지 혹은 광고판에서 무슨 상품을 팔고 있는지 알 수 없는 그 순간의 평온한 기쁨에 휩싸이곤 한다. 서울은 명상을 위한 넓은 들판 같아서 대부분의 시간 동안 나는 스스로를 듣기 위해서 노력하고, 36년을 산 내가 이 땅 위에서 어떤 소리를 낼 수 있을지 알아내기 위해서 고민한다.

*

한국인은 1인당 평균 다섯 개의 신용카드를 갖고 있다고 한다. 내 아내가 하나 가지고 있고 나는 하나도 없다. 그것은 무엇을 의미하는 걸까? 신중하기 때문인 걸까 아니면 통상적인 경제활동에서 살짝 벗어나 있다는 걸까? 잘 모르겠다. 아니면 초원에서 야영하면서 문이 열리길 기다리는 걸까? 낭비에 취해 한계도 책임감도 없는 과소비라는 문. 사실 딱히 그렇게 되고 싶진 않다. 어제 너무도 아름다운 60만 원짜리 구두를 보긴 했지만 말이다. 그 구두라면 신고 잠도 잘 수 있을 것 같다. 끊임없는 구매욕과 진열장에 비친 애정 어린 상품들을 떨쳐버리기란 여간 어려운 게 아니다. 요즘 같은 시대엔 거의 영웅적인 행동이다. 나 역시 구두 한 켤레로 끝나지 않는다. 경복궁 근처에 희귀한 아트북을 볼 수 있는 도서관이 있다. 거기에서 세 권짜리 독일판 윌리엄 에글스턴

William Eggleston의 사진집을 보았다. 너무나 아름다운 상자에 담겨 있었다. 그 책들을 하나하나 뜯어보며 오후를 보냈다. 도서관에서 나오니 서글퍼졌다. 비참하기까지 했다. 그 사진집이 갖고 싶었다. 초조한 마음으로 인터넷에서 찾아보았다. 지금으로선 내가 낼 수 있는 금액이 아니다. 5년 정도 지나면 홀로그램이 박힌 다섯 권 짜리 사진집에 에글스턴의 머리카락이 부록으로 들어 있는 새 에디션이 나올지도 모른다. 사고 싶은 것들은 언제나 더 더 더 많아질 것이다. 절대로 만족할 수 없겠지. 지난주에 리처드의 친구 하나가 80년대에 독일로 건너간 한 한국인 철학자 얘기를 들려주었다. 그 철학자는 한국에 있을 때 금속공예를 전공했었다. 프라이부르크 대학에서 하이데거에 대한 논문을 쓴 후 20년도 채 되지 않아 가장 중요한 사상가, 아니 철학계 스타로 이름을 알리게 되었다. 독일 사상가 페터 슬로터다이크^{Peter Sloterdijk}의 권위를 승계할 인물로 떠오르고 있었다. 그의 이름은 한병철. 리처드의 친구에 따르면(런던에서 철학으로 학위를 받았다고 하지만 그의 영어는 여전히 알아듣기 힘들다) 한병철은 그의 저서에서 피로로 가득한 사회에 관해 이야기한다. 피로 사회라면 한국이 제일 앞단에 있다. 그도 그럴 것이, 지갑 하나에 다섯 장의 신용카드는 너무 무겁지 않은가. 한병철은 자본주의가 우리를 극단적으로 지치고 우울하게 만들었다고 주장한다. 마르크스가 제시했던 외부의 착취자들은 이제 없다. 우리 스스로가 포기할 때까지 자기 자신을 착취한다. 모든 것을 가지고 싶고(구두와 사진집과 머리카락!), 모든 정보를 알고 싶고, 모든 곳을 여행하고 싶고, 모든 것에 관해 말하고 싶고, 모든 것에 관해 쓰고 싶고, 모든 것을 만지고 싶고, 몸의 전부, 몸의 일부, 정신, 영혼, 죽은 것, 기계, 유령까지도 간음하고 싶은 우리 모두의 흘러넘치는 욕망이 우리를 착취한다.

*

한병철이 열어젖힌 상처와 백해무익한 감정의 가운데 이 흔적들을 흩어놓는, 아름답고 단순하며 진실한, 이를테면 벚꽃 같은 것들이 삶에 다가오기도 한다. 국회의사당 근처 강변을 따라 난 도롯가는 연분홍의 꽃으로 가득 차 있다. 그 사이를 걸으면 수백만 장의 꽃잎이 비처럼 내려 인도를 뒤덮는다. 개화한 벚꽃 사이를 통과한 빛은 전의 빛과 다르다. 거의 천국에 온 기분이다. 누구도 무어라고 할 수 없는 아름다움으로 가득한 2킬로미터의 길. 몇 주 후면 사라질 것들이다.

*

"작가만이 이룰 수 있는 영광스러운 목표는 불안한 마음들을 채우는 것이다."

_루벰 폰세카 Rubem Fonseca

*

드디어 의뢰받았던 단편을 완성했다. 기진맥진하다. 꽤 오래전부터 글 쓸 때 담배를 피우지 않는다. White Flamingo. 영어로 제목을 달았다. 두 콜롬비아인이 헤어진 지 20년 만에 마이애미의 한 지저분한 모텔 방에서 만난다. 그리고 물론 그 과정에는 중요한 사건들이 있다. 코카인이라도 흡입한 것처럼 행복감에 도취하여 있다. 오늘은 만취할 때까지 술을 마셔야지. 특별할 것 없는 화요일 밤 10시에 한 점 부끄러움도 없이 길에서 갈지자로 흐느적대는 한국 회사원처럼 말이다. 소주 네 병, 아니 다섯 병 주세요! 단편을 번역자에게 보냈다. '일수 가방'을 뭐라고 옮길지 궁금하다. 남성용 가방? 핸드백? 지갑? 동네에서 일수 가방을 들고 다니는 중년 남자들을 몇 번 본 적이 있다. 콜롬비아에서도 이런 가방을 가지고 다니는 남자들은 비슷한 액세서리를 한다. 금색의 굵은 팔찌와 눈에 띄게 큰 반지, 거기에 깔끔하게 빗어 석고상처럼 단단하게 힘을 준 검은 앞머리까지. 불문율이다 이런 것들에 대한 통계 수치라도 있어야 하는 게 아닌가 싶다.

*

아내가 집에 도착하자마자 단편을 보여주었다. 수정은 아래의 문단이 제일 마음에 든다고 했다.

"두케는 야영장과 밤색의 강물, 그리고 그곳에서 돌을 건져내는 상의를 탈의한 원주민들을 상상했다. 다시 시작할 수 있을지 확실하지 않았다. 정글 한가운데, 시들시들하게 굶주린 사람들로 가득 찬 황폐한 마을의 커피숍에 앉아 대화를 이어나가려면 충분한 기력을 모아야 했다. 탁자 위에는 차갑게 식은 엠파나다*와 맥주 한 병이 있었다. 그 옆에 일말의 주저도 없이 리볼버를 놓으려면 잃어버렸던 용맹함을 되찾아야 했다. 명령을 내려야 한다. 그렇게 생각하니 피곤해졌다. 모래 자루를 어깨에 짊어진 기분이었다. 안내서는 아직 손에 들려 있었다. 한 번 훑어보았다. 엡콧 센터와 우주선을 상징하는 구체형 구조물에 관한 설명이 있었다. 센터 내부를 관통하는 주제는 '소통의 역사'였

---

* 빵 반죽 안에 다진 고기나 해산물을 채워 튀긴 것.

다. 안내서의 첫 장에서 배우가 읽어주는 〈소통의 역사〉 첫머리를 볼 수 있었다. "우리는 어디에서 와서 어디로 가는가? 그 해답은 우리의 과거에서 찾을 수 있다.""

*

KBS 피디에게서 메시지를 받았다. 잠깐 일하러 나와줄 수 있냐고 물었다. 스페인인 직원이 축구를 하다가 다쳐서 한 달간 출근을 못 한다고 했다. 하루에 8시간을 사무실에서 보내게 되었다. 한국 사무실에서 한국인 동료, 한국인 상사와 함께.

*

첫날의 시작은 이러했다. 7시에 기상한 후 8시에 집을 나선다. 녹사평역에서 지하철을 탄다. 공덕까지 세 정류장이다. 지하철 안에는 핸드폰으로 웹툰이나 드라마를 보는 직장인과 복습에 열중하는 학생들이 있다. 눈시울이 젖은 러시아 여자와 가발이 살짝 삐뚤어진 한 노인이 눈에 들어왔다. 5호선으로 바꾸어 탔다. 서둘러 달리는 사람들, 그러면서 다음 차량이 언제 도착하는지 모니터를 바라보는 사람들이 있었다. 요란하게 울리는 구두 굽 소리도 들렸다. 미소를 띤 사람은 없었다. 세 정류장을 더 지나서 다시 9호선으로 갈아탔다. 적막했다. 정류장당 걸리는 시간은 120초. 여기까지 오면서 지나쳐온 역사는 마치 백화점 같다. 여러 층에 깔끔하고 번쩍거리는 통로, 보안 카메라와 끝이 안 보이는 에스컬레이터가 있고, 그곳에는 짧은 치마를 입은 여성들의 다리 사이를 몰래 촬영하는 변태들도 있다. 칫솔과 껌 주걱을 손에 들고 계단 하나하나를 청소하는 미화원들이 보인다. 열차를 타는 곳에는 녹차나 책 따위를 파는 자판기가 있고 지하철이 도착하면 열리는 스크린도어가 있는데 자살을 방지하기 위한 것이다. 부모가 자신을 위해 만들어 놓은 틀을 거부하는 청소년들과 자신을 부양해야 하는 자식들의 짐을 덜어주려는 노인들이 밤에 목을 매거나 농약을 삼킨다.

국회의사당역에 내려서 10분 정도 걸으면 KBS 본관에 도착한다. 검색대를 지나 리셉션에 신분증을 맡긴 후 엘리베이터를 타고 5층에 내린다. 거기에 국제부(라디오방송은 독일어, 영어, 프랑스어, 스페인어, 일본어, 중국어, 베트남어, 인도네시아어, 태국어, 러시아어, 아랍어로 서비스된다) 사람들을 위한 큰 공간이 있다. 숨을 깊게 들이쉬고 두 명의 상사에게 인사한 후 차가운 물을 종이컵에 받아 마신다. 그리고 컴퓨터를 켜면 9시 정각이다. 그 순간에 딱 맞추어 한쪽 벽에 붙은 스피커에서 노래가 나온다. KBS의 영예로운 찬가이다.

*

오전에는 생각이라는 걸 할 시간이 없다. 동료들이 번역하고 편집한 뉴스들을 검토하는 일로 업무를 시작한다. 나는 스페인어 부서의 유일한 남성이다. 한국계 아르헨티나인 여직원 둘, 한국계 페루인 여직원 하나, 그리고 페루에서 잠깐 산 적이 있는 한국인 여직원이 써낸 글을 살펴보아야 한다. 뉴스 내용을 수정하고 웹페이지에 올린다. 곧이어 고정 프로그램의 대본을 검토한다. '오늘의 경제', '서울 둘러보기', '한 주의 클릭' 같은 프로그램이다. 11시가 되면 녹음 스튜디오로 내려가 남성들의 인터뷰를 스페인어로 더빙하고 검토된 대본을 녹음한다. 점심시간은 이른 편이다. 12시나 12시 반. 식권을 사서 구내식당에 줄을 선다. 누가 봐도 공공기관다운 분위기가 흐르고 같은 벽 안에 갇혀서 몇 년을 쌓아온 동지애가 느껴진다. 돈독하다고나 할까. 200여 명의 한국인이 함께 앉아 밥을 먹으며 이야기를 나눈다. 재빠르게 둘러보니 나만 외국인인 것 같은데 아무도 신경 쓰지 않는다. 다른 외국인 직원들은 밥을 밖에서 먹는 듯하다. 매운 돼지고기볶음과 두 마리의 작은 생선구이 중 하나를 골라야 한다. 또 오징어국이나 미역국 중의 하나를 골라야 한다. 항상 두 가지 선택지가 있다. 쇠로 된 식판을 받아들고 밥과 김치, 반찬을 담는다. 김이 피어오르는 국도 한 국자 푼다. 밥을 먹을 때 따로 컵에다가 음료를 부어 먹지 않는 데엔 이미 익숙해졌다. 음료수 대신 국이 있다. 아주 가끔 식판을 테이블에 놓은 후 물도 한 잔 따라 놓는다. 식사 후 사무실로 돌아가기 전에 건물 밖으로 나가 담배를 한 대 피우며 커피를 마신다. 예전에는 사무실에서 기사를 쓰면서 담배도 피울 수 있었을 것이다. 15년 전, 내가 기자로 일하던 시절에 그랬던 것처럼. 나만의 완벽한 장소도 찾았다. 개가 구역을 표시하듯이 한구석을 내 자리로 만드는 것, 중요하다. 벚나무 그늘에서 여의도의 거대한 건물들을 바라본다. 여의도는 한강 한가운데 국회의사당이 자리한 섬이다. 만약 북한이 침공한다면 여기부터 시작해야 할 것이다. 은행, 해운, 보험 등의 주요 회사들의 본부가 있는 곳이니까. 5층으로 돌아왔다. 오후 뉴스들을 검토한 후 웹페이지에 올리는 동시에 잠과 싸운다. 모니터 앞에서 잠들지 않도록 손가락을 깨문다. 30분 뒤에는 뉴스를 종이에 인쇄해서 낮은 목소리로 읽어본다. 다니엘라에게(하선이라는 한국인 동료가 쓰는 스페인 이름이다) 특별히 어려운 이름이나 들어보지 못한 지명 같은 게 나오면 어떻게 발음해야 하는지 물어본다. 녹음실의 연락을 기다린다. 오후 세 시쯤되면, 이 모든 게 급여를 떠나 중요한 일이라는 기분이 든다. 피디의 뒤를 따라 스튜디오에 들어가 은행 금고 문만큼 두꺼운 녹음실의 문을 닫는다. 물 한 컵과 연필 한 자루를 탁자에 올려놓는다. 오늘의 뉴스를 읽을 때 꼬이지 않도록 종이를 순서대로 정리한다. 마이크를 가까이 당긴다. 창문 너머 컴퓨터 앞에 있는 피디의 사인을 기다린다. 시작을 알리는 약간 시끄러운 소리가 울린다. 사인에 빨간 불이 들어오자 살짝 현기증이 난다. 녹음이 시작된다. 이상할 정도로 침착하고 확신에 찬 목소리로 뉴스를 읽기 시작했다. 청취자들에게 인사를 하고 프로명을 말한 뒤 2초 정도 시그널 음악을 흘리고, 심각한 주요 사건들을 전한 후 오늘 가장 흥미로웠던 뉴스를 읽는다. '제주도에서 살인 진드기에 두 명이 희생되다.' 가끔 잘못 읽으면 숨을 고르지 못해 녹음을 중단해야 한다. 발음에는 이제 거의 문제가 없다. 충청남도라는 지명도 단번에 읽어냈다. 경제 현황과 날씨 정보를 끝으로 뉴스를 마친다. 한반도 서쪽은 구름이 끼고 동쪽 해상에는 비가 올 예정입니다. 서울 기온은 어제보다 약간 오른 18도입니다. 지금까지 오늘의 소식이었습니다. KBS 월드 라디오를 청취해주신 여러분 감사합니다. 마지막 멘트를 날리는 동안, 책상 아래에서 어릴 적 항상 보던 콜롬비아 뉴스 진행자의 손짓을 따라 해 보았다. 작별 인사에 힘을 싣는 작은 비밀 사인으로, 내 목소리를 듣는 모든 사람이 시간과 공간을 함께 여행하는 기분을 느끼길 바란다. 묘한 행복감이 나를 가득 채웠다. 순간 어린아이가 된 것 같았다.

*

국제 편집부에는 언어별 부서가 있고 복도를 따라 긴 유리 찬장에는 각국에서 온 방문객들이 준 선물이나 관련 기사들이 붙어 있다. 베를린에서 온 엽서, 러시아 모피 모자, 베트남 공예품, 일본 노 가면能面 등이다. 스페인어권 유리 찬장 안에는 피스코* 한 병과 가죽집에 들어 있는 커다란 칼 한 자루가 있는데, 이것들이 도대체 우리의 어떤 정체성을 보여주는 것인지 궁금하다.

*

거리가 등불로 가득 찼다. 곧 석가탄신일이기 때문이다. 인자한 미소를 띤 얼굴 모양의 등불은 내가 어렸을 때 거리 행렬에서 보았던 피 흘리는 그리스도와 눈물을 흘리는 마리아의 형상과 아주 다르다. 전국의 사찰에서 차나 비빔밥을 무료로 나눠줄 것이다. 내로라한 기업들도 때맞춰 절에 기부할 것이다. 돈으로 자신의 죄를 씻을 수 있으리라고 믿는 것은 어디나 똑같다. 불자들도 예외는 아니다.

---

* Pisco. 페루에서 생산하는 포도 원료의 브랜디.

*

스텔라는 드디어 정규직이 되었다. 인턴으로 입사해서 몇 달 만에 선배 피디(소냐와 수정)들의 자리로 승진했다. 방송국 사람들에게 떡을 돌렸다. 임원들에게는 깊이 고개 숙여 감사해하며 특별히 예쁜 상자에 담은 떡을 전했다. 퇴직할 때도 저렇게 할 건지 궁금했다.

*

버스 정류장 커다란 광고 모니터 앞에서 한 노인이 생리통 진통제 광고에 나온 모델을 앞에 두고 고개를 숙여 인사했다. 노인은 한참을 서서 모델이 응답하기를 기다렸다. 기다리다 지쳤는지, 군인처럼 머리를 깊게 숙이며 다시 인사를 했다. 예의와 존경을 갖춰 대답을 요청하는 행위였지만, 그 대답 역시 밤의 어둠 속에서 길을 잃었다.

*

토요일에도 방송국에 가야 한다. 오후 두 시부터 네 시까지 피디 한 명과 같이 일한다. 대부분 스텔라 피디가 있다. 뉴스를 검토하고 읽기만 하면 된다. 오늘은 조금 일찍 퇴근했다. 건물 밖으로 나가는 자동문을 지나치자마자 기분 좋은 더위의 냄새가 코를 스쳤다. 한강까지 걷기로 했다. 강변에 다다르자 신선한 바람이 불어오기 시작했다. 마포대교를 반쯤 건너다가 서강대교 아래 거대한 섬을 보았다. 서울 한가운데 야생 섬, 도시 중앙의 작은 정글이다. 꽤 큰 새들과 독특한 식물들, 습지를 보았다. 시에서 다리에 자살 방지 모니터용 카메라와 센서를 설치하기 전에는 노숙자들이 밧줄을 타고 섬으로 내려가 숨어 살았다고 한다. 도시 괴담 중 가장 흥미로운 이야기는, 90년대 한국이 경제 위기를 맞아 나라가 반쯤 무너지고 바닥 먼지를 핥을 때, 그리하여 IMF가 한국에 들어왔을 때, 모든 것을 잃은 남자들이 저곳에 모여 살았다는 이야기다. 전직 은행원과 전직 중소기업 사장들의 《파리 대왕》이다. 한 무리의 소년들이 무인도에 떨어져 잔인한 부족사회를 이룬다는 내용의 소설 말이다.

*

지하철 안에서 엄청나게 큰 토사물 흔적을 보았다. 지금까지 한국에서 본 것 중 가장 끔찍한 모습이다.

*

친구 차 뒷좌석에 앉는 법을 잊었다. 뺨에 입 맞추며 인사하지 않는 것은 물론이고, 껴안거나 손을 잡으며 인사하지 않는 것에도 익숙하다. 간단한 목례면 충분하다. 라디오방송의 바보스러운 멘트를 이해하지 못하니 듣고서도 초조해하지 않는다. 하우스 파티가 뭔지 잊었고, 옆 사람의 대화를 엿듣는 게 어떤 건지도 잊었다. 하지만 대신 새벽에 내 마음대로 거리를 활보한다. 누군가 길에서 나를 놀라게 할까 봐 주위를 흘깃거리지 않아도 된다.

*

알바로는 내가 연락하고 지내는 유일한 콜롬비아 친구다. 적어도 일주일에 한 번은 서로에게 메일을 보낸다. 서로 각자의 방식으로 외로움을 견디고 있다. "아주 현명한데?" 슬리퍼에 관한 얘기를 해주었더니 알바로가 대답했다. 백번 맞는 말이다. 번역원 고 부장의 사무실을 방문했을 때 슬리퍼의 중요성을 깨달았다. 고 부장은 슬리퍼를 신고 있었다. 사무실에서 나와 번역원 도서관에 함께 책을 찾으러 갈 때 눈치챘다. 아무런 거리낌 없이, 양말에 슬리퍼를 신고 번역원의 전 층을 걸어 다녔다. 고 부장의 부하 직원 몇 명도 슬리퍼를 신고 다녔다. 복사기 옆에서 이들이 슬리퍼를 신고 있다는 걸 알아차렸다. 신기한 것이, 모든 슬리퍼가 똑같았다. 검은 고무 재질에 흰색 줄이 그어져 있다. KBS 방송국에서 일하는 기술진들도 같은 슬리퍼를 신고서 거대한 건물 복도를 유유히 돌아다닌다. 어떤 직원들은 건물 밖에까지 신고 나가 담배를 피우고, 심지어는 근처 식당에도 간다. 나도 한 켤레 살까 고민했지만 역시나 그건 좀 심하다. 벌써 3주 동안 포크도 나이프도 없이 점심을 먹은 것으로 충분하다.

*

광고판의 한글을 읽어 보았다. '아울렛 유니버시티'라고 씌어 있는 것 같았다. '삼류대 학생'이라는 용어가 모욕적인 단어인 이 나라에서 이상할 것도 없는 말이다.

*

KBS에서의 근무가 끝나고 집으로 돌아가 학생들의 번역본을 검토한 후, 〈White Flamingo〉를 실을 잡지 편집장과 이런저런 내용을 상의했다. 적어도 지금은 알베르 코세리가 말하던 여유나 여가가 끝이 난 것 같다. 코세리를 배신한 것 같아 조금 슬프다. 8시다. 아직 낮이기도 하고 밤이기도 하다. 열대지방 한가운데에서 태어난 사람에게는 6시가 되어도 지지 않는 해는 언제나 이상하다. 살짝 덥다. 서재의 창문을 열었다. 곧 선풍기나 에어컨을 구매해야 할 것 같다. 봄은 끝났지만, 전쟁에 관한 소문은 끝나지 않았다.

여름

오늘 오후, 해남 버스 정류장에서 버스를 기다리는 동안 텔레비전 앞에 앉아 있는 두 여자아이를 한참 동안 바라보았다. 수정과 함께 버스를 타고 300킬로미터를 달려온 직후였다. 푹푹 찌는 더위에 졸음이 쏟아졌다. 여자아이들은 사극 드라마를 보고 있었다. 금색 수가 놓인 붉고 푸른 비단옷을 입고 가짜 수염을 붙인 남자 고관들과 땋아서 돌돌 말아 올린 머리에 부채를 든 여자가 나오고 있었다. 우리는 KBS에서 받은 돈으로 여행을 왔다. 해남군 근교 숙소로 가는 다른 버스를 타기 위해 고속버스 터미널에서 30분째 기다리는 중이었다. 태어나서 본 것 중 가장 큰 대합실 선풍기의 소리가 자장가처럼 들렸다. 오후의 정적 때문인지 유난히 더 더웠다. 고개를 올려 습기로 생긴 천장의 얼룩이 무슨 모양을 그리고 있는지 상상해보았다. 칠레 지도, 사슴, 권총. 자리에서 일어나 터미널 밖으로 나갔다. 담배를 피우고 싶었다. 버스가 정차하는 곳 바로 옆, 양철 지붕 아래 소파에 버스를 기다리는 승객들이 앉아 있었다. 누군가의 집에 있었을 법한, 여기저기 실밥이 터진 민트색의 대형 소파였다. 담배를 피우면서 사람들의 얼굴을 관찰했다. 피부는 덜 하얗고 주름은 더 많은, 도시와는 사뭇 다른 얼굴들이었다. 왼쪽 팔목 안쪽에 문신을 한 노인을 보았다. 어디서 새겼는지 궁금했다. 한국에서 문신 시술은 불법이다. 나는 양쪽 팔에 문신이 하나씩 있다. 꽤 크다. 하나는 어렸을 때 받았고 다른 하나는 2008년 한국에 오기 6개월 전에 받았다. 큰 호랑이 문신이다. 가끔 사람들이 한국에 간다는 이유로 그 문신을 새겼다고 생각할까 봐 난감한데, 실은 이 나라에서 호랑이가 얼마나 중요한지 한국에 와서야 알게 되었다. 어떨 땐, 어떤 심오한 힘을 받은 저 호랑이가 나를 이곳으로 이끈 게 아닐까 생각한다.

휴지통에 담뱃불을 끄고 지역 안내 지도를 보러 갔다. 바다까지는 한 시간 정도 거리. 멀지 않다. 세 명의 중년 여성이 구석에서 수다를 떨고 있었다. 동네 미장원 스타일의 똑같은 파마머리를 하고 있었다. '아줌마'들이었다. 아줌마라고 불리는 한국의 이 집단을 처음 식별한 건 몇 달 전 제주도에서 50대 여성들을 목격했을 때다. 그때 나는 '러브랜드'를 취재하러 갔었다. 축구 경기장 두 개를 합친 것만큼 큰 공간에 온갖 힘겨워 보이는 체위를 표현한 조형물들로 가득한, 섹스계의 디즈니랜드이자 카마수트라의 3D 버전이었다. 목가적인 오솔길을 따라 걸으며, 여성에게 구강 성교를 해주는 커플 석고상과 어렵고 불안하게 서서 69자세를 취하고 있는 석고상, 분노의 도기^{doggy} 스타일 체위의 석고상 사진을 찍었다. 다른 한 모퉁이, 손질된 소나무들에 둘러싸인 곳에 거대한 여자의 손이 땅으로부터 솟아 나와 색칠된 세라믹 음부에 손가락을 집어넣고 있었다. 러브랜드의 한가운데는 살바도르 달리의 광기와 제프 쿤스의 몽정을 절반씩 섞은 듯, 열차처럼 긴 남자 성기가 뉘어져 물줄기를 찔끔찔끔 뿜어냈다. 그리고 이 모든 것들의 주변에는 아줌마들이 있었다. 버섯 군락지 같은 하위문화로 가득한 일본과는 또 달리, 한국에서 발견된 이 집단은 자신들만의 규칙과 자신들만의 차림새와 자신들만의 욕설을 고수한다. 아줌마가 되는 것이란 세상을 살아가는 하나의 방법이라고 할 수 있다. 해남에서 목격한 세 명의 승객들은 아줌마로서의 자격을 모두 갖추고 있었다. 형형색색의 바람막이와 둥그런 고무 굽이 피곤을 줄여주는 신발, 짧은 파마머리, 거기에 절대로 빠질 수 없는, 한국에서만 발견되는 마치 신분증과 같은 아이템을 장착하고 있었다. 바로 선캡이었다. 아줌마는 항상 다른 아줌마와 함께 수다를 떨거나 불평을 늘어놓거나 농담을 주고받으며 웃는다. 아줌마들은 아줌마들끼리 서로의 의사가 되어준다. 아줌마들은 아줌마들끼리 춤을 춘다. 아줌마들은 옷을 입고 선캡을 쓰고 바다에 들어간다. 나는 사실 아줌마들이 콧김을 뿜을 만큼 격앙되어 있다 하더라도 그들이 가진 드센 이미지는 부당하다고 생각한다. 남편들은 일이 끝나면 노래방에 가거나 만취할 때까지 술을 마시느라 집에 들어오지 않고, 아줌마들은 청소, 식사에 자식, 부모들까지 도맡아 '빨리빨리'라는 리듬으로 귀신같이 동시에 해낸다. 매주 미용실에 가거나 집에서 매일 머리를 매만질 여유가 없다. 그러니 파마머리를 고집하는 것이다. 아줌마들은 텔레비전에 나오는 시시껄렁한 코미디의 주 고객이지만, 감히 누구나 만만하게 맞설 수 있는 상대가 아니다. 괜히 아줌마들의 어깨에 한국의 진짜 권력이 자리 잡은 것이 아니다. 이들의 자녀들이 오늘날의 공장과 회사와 은행과 조선소를 채운다. 이들은 단순히 고집 센 주부가 아니다. 내가 보기엔 하나의 완전한 개념을 대변한다. 아줌마는 절대 순종적이지 않다. 그들의 눈동자에서 천둥이 친다. 누군가는 그들을 제3의 성이라고 했다. 남자, 여자, 그리고 아줌마. 아줌마들만을 위한 여행 상품도 있다. 효녀나 효자는 항상 자신의 어머니들을 산으로, 바다로, 절로, 아니면 러브랜드로 보내주는 '아줌마 투어'에 쓸 돈이 있다. 한국이 가난하던 시절 제주도는 대표적인 신혼여행지였다. 이 시절, 한국에서 기후가 가장 좋은 이 화산섬은 관광, 성, 교육의 종착지였다. 부모에 의해 짝지어져 결혼식 전에 겨우 한두 번 만난 것이 전부인 신혼부부들이 이 섬을 찾았다. 제주도의 호텔들은 이들의 첫날밤을 위해 나이트클럽에서 스트립쇼를 보여주거나 체위를 가르쳐주는 공연을 준비했다고 한다. 어색함을 깨는 데 도움을 주었고, 첫날밤을 어떻게 보낼지 알려주었다.

어떤 사람들은 아줌마가 초능력을 가졌다고 확신한다. 나도 그리 믿는다. 남대문 시장의 아줌마들은 식당의 구급차다. 머리에

인 무거운 쟁반에는 국, 생선구이, 제육볶음, 밥, 김치, 반찬 등의 음식으로 가득하다. 아무도 감히 아줌마에게 맞서지 않는다. 복잡한 시간에 버스나 지하철에서 아줌마가 나타나면 길을 비켜주어야 한다. 그렇지 않으면 빈자리를 향해 던진 아줌마의 가방이 내 머리를 강타할 테니까.

드디어 우리의 버스가 도착했다. 아줌마들도 같은 버스를 타게 되었다. 덕분에 나는 그들을 더욱 자세히 관찰할 수 있게 되었는데, 이들은 또 다른 유형의 집단인 '등산인'이기도 한 것 같았다. 한국은 등산화를 세계에서 가장 많이 파는 나라임이 분명하다. 솔직히 아줌마들 앞에서는 주눅이 든다. 순간 수정과 지낼 숙소에 이들도 묵을까 봐 겁이 났다. 다행히 이들은 우리보다 앞서 내렸다. 수정과 나 단둘이 바람에 흔들리는 벼를 보며 논두렁을 따라 걸었다. 그러다 갑자기 나타난 물뱀을 도취한 듯 함께 바라보았다.

*

숙소에 도착했지만 주인도 투숙객도 없었다. 입구에 적힌 번호로 전화했더니 10분 정도 지나 머리가 하얗게 센 아주머니가 자가용을 몰고 나타났다. 보통은 까맣게 염색을 하는데 보기 드문 경우였다. 수정과 몇 마디 말을 나누더니 선불로 숙박비를 받은 후 우리를 두고 가버렸다. 전통 한옥 한 채가 통째로 우리의 숙소가 되었다.

짐을 두고 집 근처를 둘러보았다. 시골, 개미, 샘물, 오후에 나뭇잎 태우는 냄새, 그리고 햇볕에 달구어진 저 구석의 노란 슬리퍼를 보는 것 따위가 얼마나 그리웠는지 모른다. 숙소는 산에서부터 내려오는 세 갈래 길의 길목에 지어진 여러 채의 전통 가옥 중 하나였다. 이 가옥들의 반은 펜션으로 쓰고 나머지는 가족 별장으로 쓰이는 듯했다. 콜롬비아라면 들렸을 법한 귀가 째지는 음악 소리나 자지러질 듯한 웃음소리는 들리지 않았다. 숙소에서 바비큐 도구를 발견하고 길 건너에 있는 구멍가게로 향했다. 서서히 사라져가는 늦은 오후의 빛을 받으며 길을 걸었다. 황량한 버스 정류장을 지나고 나무 두 그루 사이에 골프공만 한 거미가 거미줄을 치고 있는 초등학교 입구를 지났다. 그러다가 개천이 흐르는 다리에 다다랐다. 개구리 한 마리가 내 발 앞으로 뛰쳐나왔다. 그대로 웅크려 앉아 잠시 개구리를 바라보았다. 서울로부터 얼마나 멀리 떨어졌을까. 그곳에서는 수백만 명의 사람들과 수백 마리의 개와 고양이와 그리고 바퀴벌레들밖에 볼 수 없는데 말이다. 개구리가 폴짝 뛰어 달아나버렸다. 우리는 구멍가게에서 숯과 돼지고기와 깻잎과 소금과 맥주를 샀다. 계산대에 진열된 종이 막대들을 보고 아내에게 뭐냐고 물었다. 폭죽이었다. 어렸을 때부터 불꽃놀이를 너무 좋아했다. 내 아버지의 잘못이다. 12월이 되면 화산 분출형, 막대형, 별 모양 폭죽 등을 상자째로 사서 콜롬비아 남부에 있는 아버지의 고향에 가곤 했다. 나는 폭죽 막대를 여러 개 뽑아 계산대에 올려놓았다. 총 여섯 개였다. 돌아오는 길에 길가에서 포도를 파는 아주머니를 만나 포도를 샀다. 아침 식사 대용이다.

자기 전에는 체사레 파베세와 블라디미르 나보코프의 책을 조금 읽었다.

*

개구리 수천 마리가 나오는 꿈을 꾸었다. 수천 마리가 동시에 깜짝 놀란 얼굴을 하고 나를 쳐다보았다.

*

전망대에 오르니 온몸이 흠뻑 젖었다. 비포장도로를 한 시간 정도 걸은 후였다. 케이블카에서 내려 그 근방에서 가장 높은 산의 정상까지 이어져 있는 계단을 걸어 올라갔다. 공기가 시원했다. 하지만 너무도 많은 잠자리떼가 뭔가 썩어 문드러지는 듯한 으스스한 분위기를 풍겼다. 콜롬비아에서 이 곤충을 '악마의 망아지

caballitos del diablo'라고 부르는 이유가 이제야 이해가 간다. 나무로 된 단 위에 서서 제방과 무수한 섬들과 저 너머 한국과 중국을 가르는 바다를 바라보았다. 5년 전, 저 남쪽 바다에서 수영을 한 적이 있다. 처음 한국에 왔을 때다. 얼음처럼 차가운 바닷물과 베트남인 화물선 인부들이 기억난다. 통영이었다. 선박이 즐비한 바다 어귀의 바로 앞 '나폴리 모텔'에 묵었었다. 밤새 가이드와 술을 마셨는데, 군대에 있을 때 최고의 포병이었다며 자랑을 늘어놓았다. 아침에는 어부들이 가는 식당에 갔다. 가이드는 숙취에 최고라며 생선국을 먹어보라고 했다. 한 숟갈 맛을 보자마자 순식간에 먹어치웠다. 한 그릇 깨끗하게 비우고 휴지로 입을 훔치자 가이드가 벽 한가운데 붙은 종이를 가리키며 서툰 영어로 이 국을 만들기 위해서는 정부의 허가가 필요하다고 설명했다. 독이 든 생선으로 조리하기 때문이다. 깨끗하게 독을 제거하지 않은 생선을 먹으면 4분 안에 사망한다고 했다.

*

'죽음이여 오라. 그리하여 이것이 살아생전 마지막으로 보는 것이기를.' 오늘 오후 술에 취한 내 머릿속에 떠오른 문장이다. 계곡 물에 발을 담그고, 막걸리가 담긴 술잔을 손에 들고 있었다. 작은 사찰을 둘러보고 나오는 길에, 지난 수 세기 동안 승려들이 건너다녔을 법한 천년 묵은 돌다리 옆에 작은 식당을 발견했다. 한국에서는 흔히 볼 수 있는데, 한 가지 메뉴만 파는 식당이 있다. 이 식당은 파전만 팔고 있었다. 돌다리 옆 식당에서 아주머니들이 주문을 받고 돌다리만큼 오래된 거목 사이사이 그늘에 놓인 평상으로 음식을 날라주었다. 뒤쪽 평상에서 한 가족이 식사하는 동안 아이들은 계곡에서 물놀이를 했다. 저 멀리 돌다리 바로 아래 눈에 잘 띄지 않는 자리에는 중년의 남자 둘과 여자 한 명이 있었다. 관광객 같지는 않았고, 아마도 동네 주민센터 같은 곳에서 일하는 직장 동료인 것 같았다. 사무실에서 몰래 빠져나와 취하도록 술을 마시기로 작정한 게 아닐까 추측했다. 평상에는 빈 막걸리 통이 여러 개 있었다. 여자가 화장실에 가기 위해서 돌계단을 올라가다가 중심을 잃고 비틀거렸다. 수정이 뺨이 발개지고 이마에 땀방울이 맺히도록 낮잠을 자는 동안 나는 계속 계곡물에 발을 담그고 막걸리를 마셨다. 흰색 바탕에 푸른색 테두리가 있는, 사찰에서 산 기념 손수건으로 발을 닦을까 생각했다. 손수건의 흰 바탕에는 그 지역의 산이 이름과 함께 그림으로 그려져 있었다. 수정은 잠을 자느라 두 번째 여자가 나타나는 걸 보지 못했다. 이제 네 명이 된 중년의 연인들은 파전을 먹고 잔을 부딪치며 웃고 있었다. 몰래 하는 사랑의 기쁨, 그리고 불륜한 연인의 삶. 계곡물이 무릎에 닿자마자 술에 취한 여자가 갑자기 누군가와 통화를 했다. 남편이 전화한 걸까? 식사가 끝나면 모두 다 같이 모텔로 갈까? 여름의 부드러운 바람과 졸졸 흐르는 계곡물 소리와 파전 속 짭조름한 오징어의 맛과 조금 오른 취기, 어른 남자와 어른 여자들. 덕분에 나는 오늘 행복을 맛보았다.

*

3일간의 시골 여행이 끝나고, 우리는 별이 가득했던 하늘 아래의 숙소와 개구리, 그리고 바비큐를 뒤로 한 채 돌아와야 했다. 불꽃놀이 하는 걸 잊었다. 정오가 되면 섭씨 35도에 육박하는, 유황 같은 수증기와 사람들 사이의 습도에 들끓는 지붕과 통제된 혼돈이 도사리는 서울로 돌아갈 시간이다. 서둘러 뛰어나갔지만, 버스 출발 시각 전까지 해남 고속버스 터미널에 도착하려면 한참 멀었다. 한 남자가 헐떡거리는 우리를 발견하고서는 자신의 차로 버스 터미널까지 데려다주었다. 우리에게 잘 가라고 작별 인사를 하며 명함을 내밀었다. 나는 예의 있게 명함을 두 손으로 받았다. 한국에는 명함이 없는 사람이 없다. 세상에 자신의 존재를 증명하는 유일한 증거인 듯 말이다. 어떤 사람들은 자기 사진을 넣거나 학교의 명패를 넣거나 회사의 로고를 넣기도 한다. 한 번은, 직접 그린 복잡한 그림이 들어간 명함을 받은 적도 있다. 나도 명함을 하나 파야 할까? 직업은 소설가. 하하하.

*

오늘 길에서 백색증의 한국 여자를 보았다. 긴 머리에 키가 크고 균형 잡힌 몸매를 가지고 있었다. 지금껏 본 중 가장 아름다운 여자였다고 할 수 있을 것 같다. 거품을 낸 달걀흰자로 만들어진 인간 같았다.

*

하루 중 가장 힘든 시간, 오후 다섯 시가 되었다. 한국에서 '오후 다섯 시'는 한참 동안 지속되는 시간이다. 오후의 빛이 끔찍스럽게도 길어져 있다. 밤이라는 휴식이 과연 오기나 할까, 이런 날엔 자신에게 묻는다. 마치 차들이 꼬리를 물고 늘어선 고속도로, 아버지의 르노 승용차에서 꼼짝없이 앉아 있던 날처럼 한없이 길고 한없이 게으른 날들이다. 재무부에서 퇴직하고 귀농한 커피농장에서 오후 다섯 시를 보내는 내 아버지의 절대적인 고독에 대해 생각한다. 극장은 반쯤 비었고 버스는 가득 찬, 비 오는 보고타의 한 아파트에서 오후 다섯 시를 보내는 내 어머니의 절대적인 고독에 대해 생각한다. 브라질 남부의 한 마을, 마약중독 재활 센터에서 농업에 대하여 강의하는 내 남동생의 절대적인 고독에 대해 생각한다. 얼마 전, 서른 살이라는 나이에 이혼한 내 여동생의 절대적인 고독에 대해 생각한다. 가족에게서도, 친구들에게서도 멀리 떨어진 나의 절대적인 고독에 대해 생각한다. 친구 아들딸의 생일잔치에 간 적이 없으니 아이들은 나를 알아보지 못할 것이다. 낯선 나라에 사는 낯선 사람일 뿐이다. 집들이에 갈 수도 없고, 친구들이 새로운 요리를 시도하는 식사 초대에도 응할 수 없다. 친구들의 새로운 약혼자는 내가 모르는 사람이고 이혼을 옆에서 위로할 수도 없다. 종말에 14시간 더 가까운 이곳, 14시간 미래인 한국에서 무엇을 찾고 있는지 모르겠다. 나는 항상 사라졌다가 되돌아오는 삶을 꿈꾸었다. 마치 레너드 코헨의 노래 '부기 스트리트Boogie Street'처럼 말이다. 코헨은 한동안 한 불교 절에서 매일 접시를 닦고 스승에게 술을 바쳤다. 그러다가 절에서 나와 로스앤젤레스로 돌아가기 직전에 이 노래를 썼다.

"와인 한 모금과 담배 한 개비, 그리고 이제는 돌아갈 시간. 주방을 정리하고 밴조를 조율했네. 꽉 막힌 도로가 나를 원해. 그곳에 내 자리를 맡아주었어. 나는 나야. 그런 내가, 부기 스트리트로 돌아가네."

보고타로 돌아간 후에는? 이곳에서 산 책들을 벌레와 습한 공기 속에 모조리 내던져두고 그곳으로 돌아가, 완전히 다르면서도 완전히 똑같은, 그저 또 하나의 주방에서, 항상 만들던 카르보나라 스파게티를 만들고 있겠지. 그다음엔 분명히, 다시 떠나겠지. 왜냐하면, 보고타는 나를 병들게 하니까. 너무도 인색하고 알량하며, 절망과 마약으로 가득 찬 도시. 사람들의 영혼을 파먹는, 감초처럼 시커먼 강물이 지하에서 흐르는 도시. 폭력은 언제나 바로 눈앞에 있다. 눈을 감으면 엘도라도 공항에서 센트로까지 가는 길이 떠오른다. 새벽의 연무 속에서 각양각색의 요소들로 켜켜이 쌓아 올려진 도시가 보인다. 여기, 모든 것으로부터 멀리 떨어져 있지만 나 자신으로 가득 찬 이곳은 지금 오후 다섯 시다. 하루 중 가장 힘겨운 시간.

*

서울에서 50킬로미터 떨어진 곳에서 무슨 일이 일어나고 있는지는 아무도 모른다. 북한과의 국경이 거기에 있다. 서로 아는 것이 너무 없어 한국에 있는 북한 전문가들은 이 공산주의 국가에 관한 말도 안 되는 주장을 늘어놓기도 한다. 가령 북한 텔레비전 뉴스 아나운서의 새로운 머리 모양은 김 씨 왕조의 개방을 암시한다든가 하는 것들이다. 이런 것들을 보다 보면 북한이라는 국가는 퍼포먼스를 위한 하나의 거대한 실험실이 아닐까 하는 생각이 든다. 북한에 대한 모든 글은 어떤 면에서는 공상과학소설을 능가한다.

얼마 전 한국 소설가 이응준 작품의 리뷰를 썼다. 작가는 이 디스토피아 소설을 쓰기 위해 약 삼백 명의 탈북자를 인터뷰했다. 《국가의 사생활》이라는 제목의 이 책은 통일 후 한국의 이야기를 담고 있다. 남한이 북한을 흡수통일하고 5년이 지난 후 한국은 폭정과 부패가 난무하고, 북한 공산주의 체제 시절의 고위직 관료들이 지하조직의 수장이 되어 지하 세계를 움직이는 그런 나라가 되었다. 베를린 장벽이 무너진 후의 소련과 비슷한 상황이다. 통일 후 좋을 것이 하나도 없는 이 어두운 세상의 이야기는 통일 국가에 대한 어떠한 가능성도 믿지 못하는 한국의 많은 젊은이가 품은 두려움을 보여준다.

내 호기심을 돋운 것은 이응준의 소설뿐만이 아니다. 아내의 친구를 통해 사진가이자 예술가인 박찬경을 알게 되었다. 조금 찾아본 바로는, 박찬경 작업의 핵심은 냉전 시대에 정보기관이 했던 것처럼 자료와 문서, 지도, 신문 기사 따위를 조작해서 관객들에게 특정한 효과를 일으키는 데 있다고 한다. 박찬경의 작업에 관한 한 큐레이터의 인용구를 찾았는데, 간첩이라는 용어를 가져와 그의 작업에 가치를 부여하고 있었다.

"박찬경은 분단국가의 이중간첩을 롤플레잉하면서, 이념적인 대립 구조가 일상 속으로 침투해 시민의 의식은 물론 공간의 무의식을 지배해온 과정을 간결하게 코드화한다."*

예를 들어 그의 작품 '세트'(2000)에서 그는 평양 조선영화촬영소에 재현된 서울 거리의 사진들과 한국의 DMZ를 재현한 남양주 세트 사진, 군부대 안 시가전 훈련장 사진들을 선별해서 보여준다. 이 모든 사진을 뒤섞어 마치 한 장소인 것처럼 구성하는 것이다. 완전한 허구이다.

내가 보기에 김 씨 삼대야말로 미술계에서 가장 중요한 예술인이 아닐까 싶다. 그들 작품 중 가장 거대한 것이 바로 120제곱킬로미터에 달하고 2천5백만 명의 사람들이 사는 조선민주주의인민공화국인 것이다.

*

지난 몇 주간 너무 많은 한국 범죄 영화를 보았다. 몇 시간을 스크린 앞에서 보낸 덕분에 한국어도 몇 마디 알아들을 수 있게 되

---

* http://www.parkchankyong.com/sets

었다. 특히 욕 말이다. 어제는 나도 모르게 한국 건달이 쓸 법한 욕을 하는 자신을 발견했다. 양파를 튀기던 중 기름 한 방울이 튀었는데, 너무도 자연스럽게 소리쳐버렸다. 씨발! 수정은 웃으면서 길을 가다가 누군가와 부딪쳤을 때는(자주 일어나는 일이다) 그렇게 소리 내서 욕하지 말라고 했다. 새로운 욕을 발견하기도 했는데 지난 세기의 한국 역사를 반영한 것이었다. 목록을 한 번 만들어보았다. '친일파'는 일본 식민지 시절에 일본에 매수되었거나 협조한 사람들을 일컫던 말이다. 이념적 혐오와 관련된 욕들도 있다. '빨갱이' 같은 것들이다. 대학의 순위에 따라 모욕하는 단어도 있다. 한국에서 제일 좋은 세 대학과 그와 비슷한 수준의 대학에 들어가지 못한 대학생들을 '지잡대생'이라고 부른다. 극단적인 종교인들, 특히 한국에 넘쳐나는 기독교의 일부 신자들을 '개독'이라고 부른다. 불교에서 비슷한 사람들은 '개불'이라고 부른다.

*

영화 〈택시 드라이버〉의 트래비스 비클을 초조하게 만들었던 빗줄기를 닮은 폭우가 그쳤다. 지구 표면에 마지막 남은 풀 한 포기까지 뒤흔들어 거리의 찌꺼기 하나 남기지 않고 쓸어버릴 듯한 폭풍우였다. 하지만 이제 태풍 소식은 없다. 대신 인도양에서 출발한 몬순이 불러올 비 때문에 앞으로 7월 몇 주간은 모든 것이 진동할 것이고(창문, 그리고 이 영혼까지!) 재난을 통해서만 그 힘을 발휘하는 신의 존재에 대해 많은 생각을 하게 될 것이다.

*

모든 것은 조작된다는 걸 감안한다 하더라도, 믿지 못할 이야기들에 넘어가지 않고서 북한을 알 수 있는 유일한 방법은 탈북자들의 이야기들을 듣는 것일 테다. 한국에서는 거의 문학의 한 장르를 형성하고 있다. 〈국경 없는 문학 재단$^{Words\ without\ Borders}$〉 웹진의 이번 호에 2012년 탈북한 김연슬의 증언이 실렸다. 철없는 운동선수와 결혼하고서 같이 살게 된 지 얼마 지나지 않아 그가 마약중독자라는 사실을 알게 된다. 아주 드문 일은 아닌 듯하다. 북한에 대해 거의 아는 것이 없어, 잊어버리지 않기 위해 그녀의 글을 옮겨 적었다.

"북한은 백도라지 농장 설립을 시작으로, 외화를 벌어들여 나라 경제를 살린다는 명목하에 마약을 생산해 외국에 팔려다가 나라 전체가 마약 사범이 되어버렸다. 일꾼들과 부녀자들 사이에도 마약중독자가 급증하고 있다. 간부들과 사무원들은 마약을 흡입해야 업무를 볼 수 있고 보위원들도 마약을 흡입해야 잃어버린 정신을 다시 찾아 범죄자들을 단속할 수 있다고 할 정도로 북한은 마약의 나라가 되었다."*

하지만 내가 읽었던 탈북자의 글 중 가장 놀라웠던 작품은 북한 노동당의 공식 시인이었던 장진성의 글이었다. 2004년에 망명하기 전까지 그는 김정일의 성은을 입어 조선작가동맹중앙위원회를 거쳐 통일전선부에서 일했다. 그러던 중 보고서 작성을 위해 남한 작품을 접하게 된다. 장진성은 금지된 이 작품들을 지인들에게 퍼트렸고 이것이 동기가 되어 중국으로 도망치게 된다. '베개'라는 시에서 그는 꽃제비에 대해 묘사한다. 꽃제비는 대부분 고난의 행군 시절 부모님을 잃은 고아들이다. 꽃제비 출신의 한 탈북자에 의하면, 이들은 단순히 시장을 전전하는 고아 패거리를 넘어 체제에 대항할 용기를 지닌 집단이라고 한다. 인민 대부분이 사회의 절대적 통제하에 있지만, 꽃제비들은 혁명의 도화선에 불을 붙이며 균형을 무너뜨릴 역할을 할 수 있을지도 모른다. 그들이 북한의 저항 세력을 키워나가는 유일한 그룹이라고 말하는 데에는 그럴 만한 이유가 있는 것이다.

장진성에 대한 자료를 더 검색하던 중 〈가디언〉에서 장진성과

---

* 김연슬, 「연기에 그을린 땅」, 〈Words Without Borders〉, 소라 킴 러셀 옮김, May, 2013.

김정일의 두 일화를 소개한 글을 읽게 되었다. 첫 번째는 김정일이 작가에게 롤렉스를 선물하며 면책특권을 주었다는 것인데, 김정일과 대면하여 대화를 나눈 사람들은 김정일이 지시하지 않는 이상 어떤 잘못을 저지르더라도 수용소행은 면하는 특권을 가진다고 한다. 두 번째는 김정일의 옆에 앉아 공연을 보던 일화인데 작가는 공연을 보는 내내 눈물을 흘리는 김정일을 보았다고 한다. "그의 눈물은 인간이 되고 싶다는 욕망을 대변하는 것 같았습니다."

*

모기를 궤멸시키고 숙면을 약속해줄 구청의 작은 방역차가 동네 골목을 돌아다닌다. 지나간 자리에 낮고 짙은 구름을 남긴다. 구름이 흩어지기까지는 수 초가 걸린다. 도대체 어디로 들어오는지 알 수 없는 이 모기들 때문에 잠을 설친 지 이틀이 지났다. 드디어 오늘, 모기의 왕국이 휘청거린다.

*

종로역사를 걷다가 한 노인이 탄 전동 휠체어의 상표에 눈이 갔다. '카르마'. 이 노인의 전생이 어떠했다는 의미인지…….

*

더위와 매미의 화요일이다. 어떤 놈은 분노나 욕망 때문에 죽을병에라도 걸린 것처럼 오전부터 오후까지 쉬지 않고 울어댄다. 오늘은 학원 수업이 없는 수정과 한강 근처의 공공 수영장에 가기로 했다. 버스를 타고 30분 후, 이미 우리는 태닝 크림을 바르고 타올 위에 누워 있다. 점심도 준비해갔다. 매운 치킨윙에 갓난아기 머리통만 한 배, 그리고 차가운 차를 담은 보온병 하나. 성인 풀장과 아이들을 위한 풀장이 구분되어 있어서 아이들과 함께 온 가족들의 소음은 거의 들리지 않았다. 일광욕을 한 뒤 머리를 들어 팔에 괴었다. 아주 작은 비키니를 입은 여자들이 보여 조금 불편했다. 부산에서 즐겨 가던 해변에는 동네 노인들과 손주들이 주로 있었고 몇 안 되는 젊은 사람들은 반바지에 티셔츠를 입고 있었다. 선글라스 뒤 숨은 눈으로 긴 다리와 아름다운 발을 흘깃 보았다. 이 나이쯤 되니 왜 그렇게 발에 집착하는지 나 자신에게 묻지도 않는다. 그냥 받아들였다. 몸에 난 상처를 받아들이는 것처럼. 한국 여자들의 발은 특히나 더 아름답다. 크지도 않고 적당하게 휘었으며 발가락은 짧지도 길지도 않고 너무 앙상하지도 않다. 발을 좋아하는 사람들에게는 천국이다. 리처드였던가, 이 수영장은 강남과 가까워서 서울에서 가장 예쁜 여자들이 온다고 했다. 솔직히 말해서 여름은 진짜 힘든데 단순히 더위나 습도 때문이 아니라 미니스커트와 핫팬츠 아래로 줄줄이 드러나는 맨다리와 맨발 때문이다. 기혼 상태라는 것은 참 이상하다. 이론적으로 자연스러운 호기심에 저항하고, 결혼한 상대 외 다른 사람의 몸을 알고자 하는 의지를 스스로 제거하게 하니 말이다. 수정도 알고 있다. 심지어 함께 술을 마시며 이에 관해 얘기를 나눈 적도 있다. 어느 날 밤, 외도의 가능성에 관한 이야기가 무심코 나온 것이다. 수정은 어느 정도 이해한다고 했다. 그러면서 딱 한 가지만 지켜달라고 했다. 그런 일이 일어난다고 해도 자기한테 들키는 그런 멍청한 짓은 하지 말라는 것이었다. 물론, 하룻밤에 대한 것이었지 애인을 가지라는 말은 아니라는 것도 분명히 했다. 아무튼, 수정의 현실적인 의견 덕분에 나는 좀 편안해졌다. 하지만 동시에 수정도 내가 아닌 다른 남자와 잠자리를 하는 것에 대해 생각해본 적이 있는지 궁금해졌다. 아마 그렇겠지. 그렇다면 나 역시도 그런 일이 일어났다는 사실은 알고 싶지 않을 것이다. 서로 간의 전략적인 합의라고나 할까, 함께 늙어가는 데 필요한 방탄조끼 같은 것이다. 천진난만하고 좋기만 한 날들을 기억의 맨 앞에 내세우는 것처럼 말이다.

위의 대화로 인해서 이해하기 힘든 한국의 간통죄에 대해 생각하게 됐다. 최고 2년까지 징역을 살 수 있는 죄다. 몇 년 전 한 여배우가 남편을 속이고 팝페라 가수와 외도를 한 혐의로 징역 8개월 형을 선고받았다. 재판부는 형을 선고하면서 유교 문화로부터 내려온 사회적 질서, 즉 가족이라는 제도를 보호하기 위해 간통죄가 있음을 강조했다. 그런데 내가 보기엔 같은 죄목으로 잡혀간 남편들은 드문 것 같다. 어찌하였든, 한국에서의 불륜이란 단순한 외도를 의미하는 것이 아니라 첩을 두는 정도의, 혼인 외 따로 살림 비슷한 것이어야 함이 분명하다. 그렇지 않으면 매춘이 불법인 이 나라에서 눈만 돌리면 보이는 매춘 여성들의 존재를 설명할 길이 없다. 매춘의 방법도 너무도 다양하여 마치 인도의 카스트제도만큼 복잡한 피라미드를 형성하고 있다. 가격에 따라 나이대에 따라 원하는 서비스에 따라 구성된 방정식이다. 물에 들어가 수영하는 동안 머릿속에서 단계별로 피라미드를 쌓아보았다.

피라미드의 제일 아래에는 여자들이 비싼 술 한 잔에 손님들과 대화를 하고 팁을 챙기는 위스키 바가 있다. 이곳의 시골 버전은 다방이다. 나이 많은 남자들과 마담과 아가씨들이 커피를 마시며 이야기를 나누거나, 혹은 손에 커피잔을 움켜쥐고 까무룩 잠이 들기도 하는 곳이다. 다음엔 키스방이 있다. 오직 키스의 대가로 돈을 내는 방이다. 17살로 돌아간 것 같은 곳이라고나 할까. 가벼운 신체 접촉과 키스만 허용된다. 그다음으로 넘어가면 이발소가 있다. 처음에 한국에서 이발소는 색색의 낡은 원통이 돌아가는 간판이 있는 미용실인 줄로만 알았는데 이들 중에서는 마사지나 유사 성행위를 판매하는 곳도 있다. 이곳에서 일하는 여자들은 보통 40대나 50대다. 다음 단계는 사창가다. 네덜란드의 사창가와 비슷하게, 마치 공장처럼 할당받은 고객들을 해치우는 여자들이 있는 홍등가다. 필리핀 여자들이 많다. 이발소와 비슷한 립카페도 있다. 이발소와 비슷하지만, 나이가 상대적으로 어린 여대생들이 있으며 반드시 전화로 예약을 해야 한다. 대딸방이라는 곳에서는 속옷만 입은 여자들이 마사지와 자위, 구강성교를 서비스한다. 안마방에서는 성교를 제외한 모든 것이 허용된다. 오피스텔은 인터넷 광고를 통해서만 찾을 수 있다. 평범한 주거 시설 같은 스튜디오에 여자를 보낸다. 연인이 스튜디오를 방문하는 것처럼 눈속임하는 것이다. 이야기도 나누고 술도 마시고 음악도 좀 듣고 그러다가 성행위를 한다. 그보다 더 위에는 다른 나라에서도 찾아볼 수 있는 에스코트 서비스가 있다. 인터넷이나 전화로 예약하는데 금요일 밤 유흥가를 걷다 보면 수없이 떨어져 있는 카드들에서 연락처를 얻을 수 있다. 그보다 더 상위의 서비스는 풀살롱이다. 여자들과 함께 춤을 추고 술을 마시고 노래를 하다가 근처 호텔로 가서 성관계를 가진다. 피라미드의 두 번째 칸에는 럭셔리 노래방이 있다. 기업 임원들이나 사장들, 연예인들이 출입하며 반드시 성관계를 하는 것은 아니다. 춤을 추고 술을 마시며 모델 같은 여자들과 스킨십을 한다. 물론 4성급 호텔에서 다음 단계를 제공하기도 한다. 이 호텔들은 법인카드의 수상한 사용에 대한 의심을 피하고자 여러 번에 나누어 청구하도록 이미 훈련되어 있다. 길고 긴 단계를 거쳐 피라미드의 꼭대기로 올라가면 텐프로가 있다. 한국에서 미모로 치면 상위 10퍼센트의 여자들이 나오는 곳이라고 해서 붙여진 이름이라고 한다. C급, D급 셀럽을 비하하는 말로도 불리는 이 젊은 여자들은 연예인으로 성공하기 위해서, 혹은 연예계에서 이미 잊혀 이곳으로 흘러들어온다.

그렇지만 한국은 태국처럼 성매매 관광이 활발한 곳은 아니다. 대부분의 외국인은 이곳으로 가는 암호를 해독하지 못하기 때문이다. 이들은 에스코트 서비스를 주로 이용하며, 풀살롱과 같은 곳에 가려 시도하다가 실패하곤 한다.

한국 사회의 이중 플레이에 머리가 어지러워진다. 모퉁이마다 매일 밤 문을 여는 가게들이 압도적인 규모의 성매매 산업을 이루고 있는데 한편으로는 정숙을 요구한다. 그러니 수영장에서 한국 여자들의 맨살을 보고 나면 멍한 상태가 된다. 길을 걷다 보면 혼란스러울 정도로 짧은 치마와 반바지를 입은 여자들을 볼 수 있는데, 배꼽을 보이거나 브래지어 끈이 보이는 옷을 입으면 보수적인 어른들이 큰소리로 비난하기 시작한다.

*

몇 시간 전, 버스에서 연기가 나는 것을 보았다. 기사는 정류장에 차를 세워야 했다. 플라스틱이 타는 냄새가 코를 찔렀다. 승객들은 대혼란에 빠지지 않았다. 정반대로, 한 명씩 차례로 버스에서 내렸다. 다른 나라였다면 순식간에 분위기가 엉망진창이 되어 소리를 지르고 창문으로 뛰어내리는 사람도 있었을 것이다. 하지만 내가 진짜 놀란 건 사람들이 그저 순서대로 내렸기 때문이 아니라 승객들 한 명 한 명이 하차하면서 교통카드를 찍고 있었기 때문이다. 버스에서 시커먼 연기가 피어오르고 있는데도 말이다. 곰곰이 생각해보았는데, 아무래도 이 상황을 설명하기 위해서는 새로운 형용사를 만들어내야 할 듯하다.

*

수정과 크게 싸웠다. 돈과 지겨움과 날씨 때문이다. 입에서 나오는 대로 지껄이다 보니 싸움은 허리케인이 되었다. 서로의 얼굴에다가 쓰레기 같은 말을 내뱉었고 집 안 구석구석에 불꽃이 튀었다. 자잘한 집안일을 처리할 만큼은 한국어를 익히겠다는 약속을 지키지 않은 데 대한 공격과, 삼성·현대·엘지 같은 대기업에서 일하는 건 싫어하면서도 그보다 더 지옥 같은 박사과정은 굳이 밟겠다는 수정의 정신착란에 가까운 고집과, 미래에 대한 나의 광적인 걱정(앞으로 뭐 할 거야, 앞으로 뭐 할 거야, 앞으로 뭐 할 거야), 식탁에 먹다 만 과자 봉지를 그대로 두는 수정의 버릇과, 상대방의 집안이 보다 더 빵빵하게 지원해줄 수 있을 거라고 믿었던 것에 대한 실망과, 아이를 낳을 것인가 말 것인가에 대한 끝없는 우유부단함, 낳으면 어디서 키울 것인가에 대한 논쟁(보고타의 빈부 격차와 대혼란 가운데서 키울 것인지 아니면 외모, 계급, 경제적 성공에 대한 역겨운 집착을 보이는 서울에서 키울 것인지), 쓰고 싶은 이야기의 줄거리에 대한 견딜 수 없는 수다와 왜, 어째서인지 모를 수정의 고집과 나의 고집, 그리고 진정한 친구의 가치를 이해하지 못하는 수정의 사고방식에 대한 싸움이 어김없이 오갔다. 머리를 거치지 않은 조롱과 비난의 말들이 서로의 입에서 터져 나왔다. 닥쳐. 닥쳐. 닥치라고. 씨발 이제 좀 사라져버려, 라고 말할 뻔했다.

*

기사를 쓰고 있는데 까마귀 한 마리가 날아와 나의 집중력을 흩트렸다. 까마귀가 아니라 까치였던가. 확실하지는 않다. 어쨌든 아침부터 창문을 통해 새 울음소리가 들렸다. 깔깔대며 나를 비웃는 것 같았다. 지금은 오후 두 시다.

*

밤늦게 수정과 나는 오랜 시간 동네를 산책했다. 집 근처 하얏트 호텔 주변의 언덕을 걸으며 여름 바람을 맞았다. 이태원역을 등지고 걷다 보면 한남동이 나온다. 한국에서 제일가는 부자들이 사는 곳이다. 이 동네에 와 본 적은 있지만, 밤에 온 건 처음이다. 가파른 계단이 있는 골목으로 들어가 대사관들과 높은 벽으로 이루어진 담장에 둘러싸인 거대한 저택들이 있는 길로 나왔다. 이 동네에 한국 GDP의 20퍼센트를 맡고 있는, 무수한 촉수를 가진 괴물, 삼성 제국의 일가들이 살고 있다. 저 웅장한 맨션들 중 한 곳에서만 불빛이 새어 나오고 있었다. 짙은 색의 벽돌로 만들어진 집의 창문에는 쇠창살이 붙어 있고 동화에서 볼 법한 지붕이 얹혀 있었다. 걷는 동안 작은 초소 안의 경찰들과 마주쳤고, 우리를 보고선 바쁘게 안으로 들어가는 한 아랍 국가 대사관의 직원을 보았다. 하얏트 호텔 옆으로 이어진 남산 샛길로 들어갔다. 달빛을 받으며 나무 사이를 걷다가 동네 주민들을 위한 공용 체육 시설이 있는 곳에서 멈추었다. 한국의 노인들은 스트레칭을 정말 좋아한다. 한 번은 택시 기사 한 명이 차에서 내리더니 뒤로 가서 차를 미는 동작을 하며 몸을 푸는 것을 본 적이 있다. 우리는 집을 향했지만 길을 잃었다. 깨끗한 거리는 없어지고 다 비슷비슷하게 생긴 골목들이 나오기 시작했다. 아내는 80년대 초 서울의 골목길 같다고 했다. 수정도 모르는 그 시절 한국의 거리는 모퉁이마다 쓰레기가 쌓여 있고, 집 한 채에 여러 가정이 옹기종기 모여 살며 골판지로 막은 깨진 유리창을 볼 수 있는 곳이었다. 나에게도 낯선 서울의 모습이다. 집이 별로 멀지 않을 거라고, 위치를 파악하려고 했다. 우리는 계속해서 걸었고, 반쯤 열린 문으로 한 남자가 작은 방에서 뉴스를 크게 틀어 놓은 것을 보았다. 창문 사이로 오토바이 헬멧 몇 개와 두꺼운 코트가 걸려 있는 것을 보았다. 15분쯤, 피곤한 상태로 계속 걷다 보니 서울에서 가장 큰 이슬람 사원의 입구와 넓어진 길이 드러났다. 그렇게 우리는 아프리카와 아랍, 동남아시아의 이민자들이 모여 살고 있는 동네의 반을 걸었다. 잠깐 멈추어 사원의 원형 지붕과 달빛 아래의 첨탑을 바라보았다. 다른 차원으로 통하는 문을 넘어오기라도 한 것처럼, 우리는 어안이 벙벙했다.

*

비자를 갱신하기 위해 서울출입국관리사무소를 찾았다. 아랍 사람처럼 나온 사진으로 첫 비자를 받았을 때 겪었던 복잡한 절차 없이 모든 게 빠르게 진행되었다.

사무소에서 나와 보험회사 빌딩 안에 있는 식당에서 올여름 첫 냉면을 먹었다. 자판기에서 메뉴를 고르고 돈을 집어넣었다. 번호가 적힌 영수증을 받았다. 3분 후 음식이 나오는 긴 바에서 내 번호를 불렀다. 넥타이에 짧은 소매 셔츠를 입은 회사원들 사이에 앉았다. 사람들이 면을 먹을 때 내는 후루룩 소리가 더이상 불편하지 않다. 이제는 나도 그러니까. 면을 흡입하기도 더 편리하고 왠지 모르게 맛도 더 좋다. 나의 식사는 사과 식초와 간장, 설탕, 소금이 첨가된 고기 육수다. 면은 메밀로 만들어졌고 파와 오이, 고추, 참깨가 얼음이 가득 든 대접 안에서 평온하게 헤엄치고 있다. 오묘하게 맛이 좋은 데다 더위를 떨쳐버리는 데 그만이다. 밖에 있는 커피숍에서는 많은 회사원이 곱게 갈아서 눈처럼 소복하게 쌓은 얼음 셔벗에다 단팥을 얹은 디저트를 먹고 있다. 나로서는 아직 맛볼 용기가 안 나는 음식이다. 나에게 팥이란 짜게 조리하는 음식이기 때문이다. 이 규칙을 한 번 깨트리면 다시는 이전으로 돌아가지 못할 것이다.

*

가끔 엘리베이터에서 예닐곱 명의 한국인들에 둘러싸여 있을 때면, 나는 정말로 먼 곳에서 태어났다는 거대한 부담감을 느낀다. 면도를 해야 할 것 같고(한국 남자들은 매일 면도한다), 내게서 땀 냄새가 날까 걱정이 된다. 씻지 않고서는 집을 절대 나서지 않는 나임에도 불구하고 말이다. 내 구석 자리에서(엘리베이터를 타면 항상 구석에 선다) 같이 탄 여자와 눈이 마주치는 게 두렵다. 혹시라도 야만적인 외국인 강간범으로 여겨질까 봐. 20층을 올라가는 동안 자신의 존재에 대해 지나치게 의식하는 이 기분이 너무도 끔찍하다. 한국에서 이방인으로 살다 보면, 어떨 땐, 납으로 된 옷을 입은 것만큼 무겁다. 그런데 이것이 바로 콜롬비아에 살았을 때 그토록 바라던 것이다. 반대편 땅의 끝에 존재하는 것. 주름 속에 존재하는 것. 타인이 된 것 같은 기분 말이다.

*

어제 문학번역원에서 의뢰한 번역 작품을 하나 감수하고 사례비를 조금 받았다. 번역원이 여름방학이라 강의료를 벌지 못해 다시 돈이 떨어진 가운데, 마치 타락한 인간이 된 듯 그 돈을 하루 만에 다 써 버리기로 했다. 게가 들어간 태국식 커리 요리로 점심을 먹고 꽃무늬 여름 셔츠와 아라키 노부요시의 책을 샀다. 아라키 노부요시는 알몸으로 결박된 여성 사진을 찍는 것으로 알려졌지만, 내가 산 책은 그의 또 다른 세계를 보여주는 것이었다. 책의 제목은 《요코陽子》이다.

1971년 아라키는 요코라는 이름의 한 여성 수필가와 결혼하고 같은 해 신혼여행 사진을 담은 책 《센티멘털 여행センチメンタルな旅》을 출간한다. 아라키는 그때부터 1990년 요코가 암으로 세상을 떠나는 마지막 날까지 그녀의 사진을 찍었다. 내가 산 책은 함께 살았던 20년의 세월을 담은 사진 일기이다.

오후에는 집에서 선풍기를 최대한 세게 틀고 보리차가 담긴 차가운 보온병을 발 옆에 두고 요코의 사진을 보았다. 수정은 모임이 있다고 나가 밤에나 돌아온다고 했다. 몇 달 전부터 수정은 한국 대중음악을 공부하는 모임에 나가고 있다. 트로트에서부터 이 동네, 이태원에서 탄생한 70년대 사이키델릭 록까지 대중음악 전반에 관심을 갖고 있다. 서울문화재단에서 지원금을 받아내어 대중음악과 관련된 강의 프로그램을 기획하고 책과 음반을 낼 거라고 했다. 그 말인즉슨, 수정과 함께 있을 시간이 줄어든다는 뜻이다.

사진첩을 한 장 한 장 조심스럽게 넘겼다. 눈 한쪽에 천 가리개를 한 요코, 호텔 방 안의 요코, 사찰 앞의 요코, 욕조 안의 요코, 창문 옆의 요코, 기차 안의 요코, 길거리의 요코, 벤치에 앉은 요코. 아주 긴 머리의 요코, 아주 짧은 머리의 요코. 속옷만 입은 요코, 완전한 알몸의 요코. 작은 배의 바닥에서 잠이 든 요코, 섹스 후의 요코. 얼굴에 크림을 바르고 미소짓는 요코, 방에서 진 공청소기를 들고 있는 요코. 설거지하는 요코. 요코 사진이 걸린 아라키의 전시장에서의 요코. 30세의 요코, 35세의 요코, 40세의 요코. 파리에서의 요코, 이탈리아에서의 요코. 일본식 정원에서의 요코. 슬픈 요코. 고양이 치로와 요코. 병원 침대에서 팔에 주삿바늘을 꽂은 요코, 꽃으로 만든 왕관을 쓴 관 속의 요코.

요코가 사망한 뒤, 아라키는 몇 달 동안 하늘 사진만 찍었다. 홀아비가 된 나의 삶은 어떨지 생각했다. 무엇을 하게 될까. 머릿속에서 결국 자살에 이르는 고통스러운 이미지들이 흘러갔다. 그러다가 몇 년 전에 갔었던 바다 옆 절에 은둔하는 내 모습이 그려졌고, 이어서 두 번째 부인과 만나는 상상을 했다. 러시아 여자였다. 마지막에는 수정과 살았던 모든 날에 대한 책을 쓰는 생각을 했다. 그리 오래되지 않은 어느 날, 값싼 턴테이블을 샀던 날로부터 시작한다. 그날 밤 처음 들었던 음반은 어느 날 택시에서 발견한 60년대 한국의 록그룹 키보이스의 음반이다. 택시 기사가 그룹 이름을 메모지에 적어주었다. 턴테이블에서 나온 가장 첫 노래는 '정든 배'다. 시작 부분에서 파도 소리가 들려오고 곧이어 "달그림자에 어리면서 정든 배는 떠나간다"는 가사의 노래가 들려온다. 왠지는 알 수 없지만, 이 노래를 들을 때면 누군가 내 가슴을 짓누르는 것 같다. 유치한 문장이지만 달리 표현할 길이 없다. 두 번째 나오는 가사 "보내는 내 마음이 야속하더라"를 조용히 따라부르는 수정의 표정은 영원히 잊지 못할 것이다. 태어나서 처음으로, 혼자가 되는 것이 두려워졌다.

*

서울살이 6개월 차, 여전히 궁금한 것들과 여전히 어리벙벙하게 느껴지는 것들에 대한 목록 그 두 번째.

- 대학 입시 시험을 준비하는 학생들만을 위한 특별한 비타민과 수액이 있음. 보통 이 학생들은 하루에 두 시간 정도만 잠.
- 이들 중 많은 수가 가운데 푹신한 구멍이 있는 토막잠 베개를 들고 다님. 딱딱한 책상에서 편하게 엎드려 잘 수 있게 고안된 것임.
- '심마니'란 산을 돌아다니면서 인생을 한 방에 바꿔줄 야생 산삼을 찾는 사람들임. 송로버섯을 찾아다니는 사람과 비슷하다고 생각하면 됨. 100년 이상 묵은 산삼을 찾기만 하면 3억 정도는 쉽게 받을 수 있다고 함.
- 젊은 사람들이 나와서 비디오게임 배틀만 내내 보여주는 텔레비전채널이 있음.
- 붉은색 지갑이 다른 색 지갑보다 훨씬 더 많이 팔림. 붉은

지갑은 돈을 부른다고 함.
- 맥주 두 캔을 사면 주는 사은품: 고비사막에서 봄마다 불어오는 황사로부터 나를 지켜줄 마스크 네 개.
- 준연예인급 학원 선생들이 있음. 이 정도 되면 얼굴에 손을 대기도 하는데 버스 광고판의 모델이 되기도 함.
- 개 전용 신발을 신은 강아지들이 있음. 이해할 수 있음. 여기에서는 집에 들어가면 신발을 벗어서 집안을 더럽히지 않는 것을 생각하면.
- 서울 변화가의 식당에서 일하는 아주머니 중 상당수가 중국계임.
- 한국에 완전한 대머리는 없으며 머리숱을 거의 잃은 사람들 대부분은 가발을 쓰고 다님. 당구공처럼 매끈한 민머리는 위험한 범죄자거나 아픈 사람임.
- 백화점 마트에서 고급스럽게 포장된 반건조 조기 다섯 마리 가격: 120만 원. 한약재로도 쓰인다고 함.
- 한국 남자가 첫 취직하는 평균 나이는 33세. 여자는 28세. 그때까지 공부한다는 뜻임. 남자의 경우에는 2년간 군 복무도 해야 함.
- 서울 시내 길거리에는 음식이나 간식, 혹은 잡화를 파는 노점상이 많은데 그중에는 긴급히 결단을 내려야 하는 사람들을 위한 길거리 점집도 있음.

대사관에서 주최하는 콜롬비아 독립기념일 행사에 갈지 안 갈지 수정과 상의했다. 한국에서 살고 있는 콜롬비아 사람들이 궁금하긴 했지만, 국가 행사에 대한 거부감도 들었기 때문이다. 결국엔 택시를 잡아타고 행사가 열리는 호텔로 갔다. 대사와 대사 부인과 영사와 영사 부인과 무관과 무관 부인에게 인사를 하기 위한 줄의 맨 끝에 섰다. 그 후에는 콜롬비아의 강과 바다와 동물과 다양한 기후의 지역을 소개하는 영상을 보았고 곧이어 대통령이 보낸 영상 인사말과 대사의 영상 인사말을 보았는데, 자막에 한국전쟁 연도가 잘못 적혀 있었다(63년이 아니고 53년이라고! 제기랄). 샴페인으로 축배를 들고 모두가 동시에 뷔페 줄을 섰고, 술잔을 쟁반에 바쳐 든 웨이터가 걸어 다녔다. 그러다 우리의 대사님께서 자국에서 친히 모셔오신 살사 밴드가 연주를 시작했고, 대사관에서 일하는 젊은 남자 직원이 리듬감이라고는 찾아볼 수 없는 몸을 애처롭게 흔들기 시작하며 모두가 춤을 추게 되었다. 당연히 기차놀이도 이어졌다. 베르무데스 교수를 보고 인사를 하자 마음이 조금 진정되었다. 나에게 KBS를 소개해 준 베르무데스 교수는 언제나 친절하고 진중한 모습이다. 그것도 잠시, 평온은 빠르게 사라지고 내 마음은 다시 초조해졌다. 베르무데스 교수의 모습이 외롭게 혼자 구석을 지키고 있는 것처럼 보였기 때문이다. 어째서 다른 사람들한테 내 의구심을 씌우려고 하는 건지! 어째서 타인을 내 자신을 비추는 거울이라고 생각하는 건지! 식이 거의 끝날 무렵, 이 촌극을 견딘 보상을 받게 되었다. 나와 같은 성을 가진, 나라에 충성스러운 영사가 생생한 정보를 하나 확인해주었다. 한국전쟁에 참전했던 콜롬비아인과 60년대 말 콜롬비아로 가서 태권도장을 차린 한 한국인이 등장하는 소설을 쓰는 데 필요했던 정보였다. 드디어 그의 이중생활에 대해 확신을 갖게 되었다. 영사뿐만이 아니라 안기부에 근무한 경력이 있는 다른 한 한국 남성도 정보를 입증해주었다. 콜롬비아 한국 대사관에서 20년간 근무했던 사람이다. 순간, 서울의 커다란 호텔의 볼룸에서 화려한 꽃들과 각국의 대사들, 그리고 엄숙한 표정의 웨이터들에 둘러싸여 기밀 거래를 하는 듯한 기분이 들었다.

*

어제 잠들기 전까지는 오늘 소설을 쓸 준비가 되어 있었다. 커피를 내리고 담배에 불을 붙인 후 그저 쓰기만 하면 되는 거였다. 오늘 눈을 뜨고 보니 무지한 졸작인 것 같다. 동기도 없고 의지도 없는 기획이다.

*

내가 열망하는 것 하나 더:

한국 노인이 되는 것. 모두의 존경을 받는 전쟁 영웅이나 독립 투사 출신이 되어, 핸드폰 가게나 화장품 가게에서 최대 볼륨으로 틀어놓은 짜증 나는 음악이 나오는 스피커들을 야구 배트로 전부 부숴버릴 수 있게 되는 것이다. 정말 이래선 안 된다. 저 소음들은 마치 길바닥에다 쓰레기통을 엎어 통째로 부어버리는 것 같다.

*

KBS로 돌아왔다. 봄에 내가 대타를 뛰었던 스페인 직원이 이번에는 휴가를 떠났기 때문이다. 세상에서 가장 고요한 편집실에서 이미 일주일을 보냈는데 아직 2주가 더 남았다. 여러 국가에서 온 편집기자들과(독일, 프랑스, 베트남, 중국, 일본) 어린 한국 기자들, 나이가 많은 한국 기자들, 피디들, 앵커들, 방문객들 모두 영안실 수준의 고요함을 유지하고 있다. 진짜 위기는 점심시간 후에 찾아온다. 졸음과 싸우는 방법은 죽기 아니면 인스턴트커피 마시기다. 거기에다 빌어먹을 더위까지. 정부의 지침으로 공공기관은 실내 온도를 일정 온도 이하로 낮추어서는 안 된다. 높은 기온 탓에 전기를 너무 많이 써서 정전된 곳들이 있다. 절망적인 사람들은 밤이 되면 밖에 나가 조금이라도 시원한 곳을 찾아 헤맨다. 조깅 동호회는 자정에 한강 주위를 뛰고, 주변 가게들은 집에 돌아가지 않는 손님들을 위해서 밤늦게까지 문을 연다. 집에 에어컨이 없는 사람들은 더위를 견디기 위한 그들만의 오래된 방식이 있다. 수건을 얼려서 어깨나 머리에 올려놓는 것이다.

*

오늘 한 동료가 가방에서 프랑스산 증류수가 담긴 작은 금속병 스프레이를 꺼내 내게 주었다. 얼굴에다 뿌렸다. 시원한 기분은 몇 분도 못 갔다. 핸드폰 광고를 인쇄한 플라스틱 부채를 써야 했다. 오늘 아침 지하철 입구에서 받은 것이다. 두 번의 환승과 계단들을 지나 10분가량 걸어서 회사에 도착하면 온몸에서 열이 난다. 언덕을 겨우 넘는 낡은 트럭처럼 말이다. 이른 시간부터 벌써 등이 땀 자국으로 가득해 부끄러운 기분이 든다. 그래서 자리에 앉기 전에 화장실에 들어가 몇 분 동안 몸의 열을 좀 식혀야 한다. 한국 사람들은 땀을 안 흘리는 것 같다. 너무 얄밉다. 다수의 연구 결과에 따르면 더위와 분노, 다툼은 관련이 있다고 한다. 어제 길에서 크게 다투는 소리를 들었다.

나는 KBS 이메일 계정에 접속할 수 있는데, 녹음 시간을 기다리는 동안 졸지 않기 위해서 청취자들이 보낸 메일을 읽는다. 오늘은 한 시간 동안 넋을 잃고 메일을 읽었다. 지난 며칠 지구의 구석구석에서 내 목소리가 울렸다고 생각하니 조금 울컥했다. 칠레의 테무코, 멕시코의 아토토닐키요, 아르헨티나의 카피탄 베르무데스, 온두라스의 바예 데 앙헬레스. 우루과이 몬테비데오의 한 남성은 1977년부터 KBS 방송을 들어왔다고 한다. 페루의 정글에서 매달 메일을 보내는 남자도 있다. 그 남자의 집은 로레토주 레퀘나군 레퀘니요 거리에 있다. 번지도 없다. 그냥 레퀘니요 거리다. 멕시코 시날로아주 로스모치스에 사는 또 다른 남성은 메일의 끝에 이렇게 썼다. "매우 위험하실 텐데 몸조심하십시오." 이탈리아에서 메일을 보낸 사람도 있다. 은퇴한 교수 출신의 스페인 여성이다. 인도의 한 남성은 영어로 메일을 보내는데 항상 메일 끝에 서명하듯 생년월일을 적어 보낸다. 시각장애인도 있다. 우리 방송을 들을 수 있어서 기쁘다고 했다. 쿠바 바야모에는 'KBS의 벗 클럽'El Club de los amigos de KBS'이란 것까지 있는데 매주 빠짐없이 메일을 보내온다. 마지막 메일에서 초대형 태극기를 보내 달라고 썼다. KBS에서는 원하는 사람들에게 한국어 교재를 보낸다. 어떤 청취자들은 책 말고 일자리와 돈, 한국인 아내를 보내 달라고 한다. 저 쿠바인들은 매주 함께 모여 이 방송을 듣는 걸까? 주한 미군 유지를 위해 한국 정부가 미국 정부에 8억 2천만 달러를 대기로 했다는 소식이나,

한국전쟁 중 해병대 탄도부대와 함께 싸워 부사관 직위를 받은 암말 레클리스^Reckless 동상이 미국에 세워졌다는 소식이 뭐가 그렇게 흥미로울까? 두 번째 뉴스는 이틀에 걸쳐서 방송에서 읽어야 했는데 내용은 이러하다. 한 군인이 한국전쟁 중, 경마장에서 일하던 소년에게서 250불을 주고 레클리스를 샀다. 소년은 누나에게 의족을 사주기 위해 돈이 필요했다. 그때 도시는 폭탄으로 모든 것이 파괴된 혼돈 그 자체였다. 붕괴된 건물들 사이로 수천 명의 사람들이 떠돌아다녔다. 미군은 레클리스를 수송용으로 활용하기 위해 훈련 시켰다. 전투 때 레클리스는 주인도 없이 혼자서 군대로 탄약을 날랐다. 1953년 3월, 한 전투에서 레클리스는 탄약보급소에서 산 정상까지 51번을 오르내리며 탄약을 수송했다. 그동안 겨우 두 번 가벼운 부상을 입었을 뿐이다. 1954년, 전쟁이 끝나고 7개월 후, 말은 하사관으로 임명되었고 이후 미국으로 건너가 연금을 받으며 행복한 노후를 보내다가 사망하였다.

바야모의 오후는 분명히 느리게 지나갈 것이다. 이곳 서울, 나의 오후처럼 느리고 더우니 이런 종류의 이야기를 들으며 시간을 보내는 것이겠지.

*

다시 녹음실로 들어가야 한다. 북한이 바다에다 미사일을 쏘았다. 봄은 끝났고 지금은 한여름이지만 고양이와 쥐의 게임은 여전히 진행형이다.

*

날던 새도 떨어질 것 같은 더위에도 불구하고 문을 열어둘 수가 없다. 수정이 강도가 들까 봐 무서워하기 때문이다. 정확하게 말하자면 집에 누군가 침입할까 봐 두려워한다. 수정이 11살 때 한 남자가 집으로 들어와 뒤에서 수정의 목을 조르고 등에 칼을 대고서 어머니를 위협했다. 몸을 해치지는 않았지만 집에 있던 돈을 다 가져갔다. 시간이 지나 이 사건은 당대 가장 유명한 텔레비전 프로그램이었던 〈경찰청 사람들〉에 소개된다. 수정은 2주 정도 유명인이 된 기분이었다고 한다.

*

라디오방송국에서의 점심시간, 오늘은 동료들과 야구 얘기는 잠시 옆으로 두고, 나의 바람에 따라 방사능에 관한 얘기를 나누었다. 후쿠시마에서 일어난 일로 사람들이 생선이나 해산물을 피하는 듯했다. 바다에 기름띠가 번지듯이 편집증도 줄줄이 번진다. 한 동료의 말로는 많은 해산물 전문 식당들이 입구에다가 재료의 원산지와 방사능 수치가 0이라는 문구를 적어 놓았다고 했다. 돈이 좀 있는 사람들은 휴대용 방사능 수치계를 사서 갖고 다닌다고 했다. 아침이 되면 창문을 열고 방사능 수치를 잰다. 나는 아직도 굴은 기회만 있으면 먹는다. 생굴을 매운 초고추장에 푹 찍는 순간 나쁜 성분들은 내 머릿속에서 모두 사라진다.

*

작은 의식을 하나 행하기 시작했다. 자러 가기 전, 욕실의 불을 끄고 함께 샤워한다. 가끔은 웃기도 한다. 가끔은 몸을 맞대고 조용히 샤워기에서 물이 떨어지는 소리를 듣는다. 단순히 더위를 식히는 것을 넘어, 어둠 속의 물은 우리에게 신비와 평정을 가져다준다.

*

오전 11시, 느낌표를 품은 삼각형이 휴대전화 화면에 뜨며 알람

소리와 함께 한국어로 된 메시지가 도착했다. 일반적인 통신 메시지가 아니었다. 다른 휴대전화에서 보낸 메시지도, 인터넷을 통해 보낸 것도 아니었다. 보낸 사람이 없었다. 휴대전화 화면 가운데, 다른 행성으로부터 도착한 것처럼 그냥 거기에 메시지가 있었다. 상사에게 보여주었더니 정부에서 보낸 안내문으로 내일 오후 두 시에 있을 민방위 훈련을 상기시키는 메시지라고 말해주었다.

*

두 시 정각, 교통 통제가 시작되었다. 사무실 창문 너머 인근의 회사원들이 건물에서 나가는 게 보였다. 일반인들과 경찰들이 도로 한가운데 줄지어 있었다. 소방차와 응급차가 있었는데 물론 그 이유는 모르겠다. 우리는 아무 일도 아닌 듯 행동했다. 마치 이미 진짜 전쟁 중인 것처럼. 사실, 선제공격은 2년 전에 이미 있었다. 북한의 해커가 한국의 은행과 KBS의 컴퓨터 수천 대를 공격한 것이다. 전화기, 연필, 종이, 마이크. 3일간 방송국이 60년대로 돌아간 것 같았다고 동료들이 말해주었다.

*

무언가 변했다. KBS에서 마지막으로 근무하던 날, 상사들에게 가볍게 고개 숙이며 작별 인사를 했다. 다가와서 포옹하며 잘 가라고 한쪽은 내가 아니라 그녀들이었다.

*

휴대전화로 계속 사진을 찍고 있다. 눈에 보이는 이 기억들은 휴대전화에 순서대로 자동 저장되고 폴더에 고분고분 쌓인다. 온갖 공책에, 영수증에, 휴짓조각에 쓴 메모들이 내 책상을 질식시키는 것과 다르게 말이다. 겨울 동안 찍었던 사진들을 살펴보았다. 한국전쟁 참전 용사들이 받은 훈장, 조개껍데기와 빈 술병들로 가득한 테이블. 종묘 앞에서 까만 망토를 입고 쭈그려 앉아 있는 수정의 사진. 왜 그런 포즈를 했는지는 기억나지 않지만 아마도 매우 추웠기 때문이었을 것이다. 사진에서 수정의 뺨은 무척 창백하고 빨간 립스틱을 바른 입술은 도드라져 있다. 애원하는 눈빛에 목덜미까지 오는 단발머리는 새까맣다. 지금은 등까지 오는 긴 밝은 갈색 머리를 가지고 있다. 이 사진을 찍었을 때는 서울에서 산 지 겨우 몇 주가 지난 뒤였다. 10년, 아니 20년 뒤에는 어디서 살고 있을까? 그리고 그때 이 사진을 보면 어떤 생각이 들까? 그때까지 수정과 함께 살고 있을까? 그때까지 글을 쓰고 있을까? 아니면, 현재로서는 아무런 결실이 없는 이 투쟁을 포기해 버린 후일까? 쓸데없는 질문들이 꼬리에 꼬리를 문다. "미래가 무엇을 가져다줄지 어느 누가 신경쓸까?" 닉 케이브가 '힉스 보손 블루스Higgs Boson Blues'라는 노래에 쓴 가사다. 요즘 밤마다 듣는 노래다. 어찌 됐든 수정과 내가 함께 이 도시에서 벌써 두 계절을 보냈고, 이제 세 번째 계절인 여름도 거의 끝나간다는 사실이 놀랍기만 하다. 왜인지는 알 수 없지만, 요즘 들어 아침과 오후의 습하고 무거운 공기, 그리고 건물의 꼭대기를 볼 수 없게 만드는 보얀 수증기가 겨울의 눈 쌓인 거리나 벌거벗은 나무보다 더욱 서글프게 느껴진다. 더욱더 습한 더위 속에서 한국, 아니 동아시아가 온통 비애에 젖어 있는 것 같다. 얼마 전까지는 단순히 불쾌하거나 힘들어서 그런 줄 알았지만 그게 아니다. 오랫동안 안데스산맥의 차가운 분지에서 살았던 사람에게는 진정 새로운 발견이다. 왕자웨이, 허우샤오셴, 차이밍량, 에드워드 양 같은 감독들의 영화에 나온 인물들이 이제야 이해가 간다고나 할까. 선풍기를 마주 보고 있는 그들의 멜랑콜리한 표정을 이제는 읽을 수 있다. 담배를 피우러 옥상에 올라갔다. 이웃이 갖다 놓은 화분에 걸려 넘어지지 않도록 조심조심 철 계단을 오른다. 옆 건물에 사는 필리핀 여자가 부르는 노랫소리가 들린다. 저 멀리 한강이 보이고 등 뒤로는 남산타워가 네온 빛을 발하고 있다. 입안의 연기가 흘근흘근 빠져나가도록 내버려 두었다. 습한 공기가 슬로모션 효과를 가져왔다. 미래가 무엇을 가져올지 신경 쓰는 사람이 있는지 궁금하다. 나는 상관 안 하기로 했다.

*

오랫동안 내 주변에 있었던 사람들로부터, 콜롬비아로부터 거리를 둔다. 머릿속에는 다른 지도가 자리 잡았고 식습관도 달라졌고 다른 식으로 버스를 타고 다른 식으로 술을 마시며 다른 식으로 집에 있다. 걱정된다. 하지만 동시에 거대한 평온을 느낀다. 모든 것이 무기력으로 망가져가던 그곳에서 너무도 멀리 떨어져 산다는 것 말이다. 내가 알던 사람들의 얼굴을 하나하나 지우지만 다른 얼굴로 대체할 수도 없다. 친구 없이 혼자 남게 되었다. 다만 이 불안은 두 달 전과 같은 불안이 아니다.

*

달력에서 본 문장들:
고통은 항상 새롭다. 쾌락과 마찬가지로. 행복이란 변덕쟁이의 만족감 위에서 저절로 세워지는 것이 아니다. 진실은 무수한 거

짓말로 이루어져 있다. 성숙이란 존재하지 않는다. 그저 늙을 뿐이다.

*

한국인들은 독도의 자주권에 집착한다. KBS의 로비에 있는 거대한 텔레비전이 섬에서 무슨 일이 일어나고 있는지를 24시간 방영한다. 어느 토요일, 뉴스를 녹음하러 가는데 텔레비전 앞에 몇 노인이 있는 것을 보았다. 2시간 뒤, 녹음을 끝내고 나오는데 여전히 그곳에서 미동도 없이 갈매기와 바람과 밤낮없이 화산석에 부딪히는 파도를 지켜보고 있었다.

*

미스터 와츠가 여름의 끝을 기념하는 파티에 우리를 초대했다. 홍대 '선샤인'이라는 바였다. 부모님이 한국인이고 베네수엘라에서 자란 다비드를 소개해주고 싶어 했다. 지난겨울, 우리 집에 왔다 간 후로 겨우 두 번 정도 와츠를 만났다. 한 번은 오후에 만나 서울 시내의 오래된 극장에서 〈좋은 친구들〉을 보았다. 예전에 고

전 영화를 보러 가끔 가던 곳이었다. 나이가 있는 관객들이 주로 찾는 곳이라 영화 상영 전에 나오는 광고들이 성인용 기저귀나 의료용품 광고였다. 〈좋은 놈, 나쁜 놈, 추잡한 놈〉이나 〈아라비아의 로렌스〉의 시작을 커다란 스크린에서 보는 기분은 어떤 것과도 비교할 수 없다. 이후에 미스터 와츠를 본 건 이비인후과 의사인 지홍이 운영하는, 오랜 친구들이 오가며 만나는 공간인 '스트레인지 프룻'에서 와츠가 공연했을 때다.

선샤인의 내부는 서핑 보드와 플라스틱 꽃, 하와이풍 엽서로 꾸며져 있었다. 도착하자마자 수정이 거기 있던 몇몇을 알아보았다. 90년대 유명했던 배우 겸 뮤지션도 있었다. 내가 한국으로 오기 전에 놀러 가던 하우스 파티와 가장 비슷했다. 다비드는 그릴에 햄버거를 굽고 있었다. 발코니에서부터 손을 들어 인사하며 미소를 지었다. 맥주를 주문하고 거기 있던 사람들과 건배를 했다. 항상 받는 질문에 대답도 했다. 어디서 왔고 무슨 일을 하는지 따위다. 아무도 콜롬비아가 정확하게 어디에 있는지 몰랐다. 나도 누군가 라오스가 어디 있냐고 물어보면 자신 있게 대답하지 못할 것이다. 내가 무슨 일을 하는지 설명했지만 그다지 설득력은 없었다. 어떤 장르의 소설인가요? 앞뒤가 맞는 대답을 하려고 했지만 횡설수설했다. 삶에 대한 소설인 것 같아요. 아, 자전적 소설. 딱히 그런 건 아니지만, 또 아닌 건 또 아니고, 조금 그렇긴 하죠. 지어낸 부분이 아주 많기는 하지만요. 언젠가 수정이 해준

말을 좋아한다. 내 책을 제대로 읽어본 적도 없는데 우리가 나눈 그 수많은 대화 끝에 내 소설이 어떤 건지 정확하게 알고 있었다. 내 글이 진실하면서도 길들여지지 않은, 하지만 동시에 세련된 인간미를 담고 있다고 했다. 내가 쓰는 것이 수정의 묘사한 것과 비슷한 것이기를.

미스터 와츠가 나를 대화로부터 구출한 뒤 다비드를 데려와 소개해주었다. 아내가 아닌 누군가와 스페인어로 대화하는 게 어찌나 어색한지. 잘 쓰지 않는 몇몇 단어들은 이제 내 머릿속에서 조금씩 사라져 어둠 속으로 가라앉는 느낌이다. 하루는 풀 이름 하나를 생각해내는 데 몇 분이 걸렸다. 바질. 가장 좋아하는 성인의 우표를 붙들고 있는 신도처럼 그 단어를 온종일 붙잡고 있었다. 평생 이웃이었던 것 마냥, 다비드와의 대화는 술술 이어졌다. 식사를 하고 맥주를 마시며 점점 취했다. 사람들이 춤을 추며 이리저리 옮겨 다녔지만 우리는 밤새 한구석 자리를 지켰다. 다비드는 베이스 연주자였다. 한국인 피아니스트와 결혼해 아들이 하나 있고 한국에서는 10년째 살고 있다. 권투와 카세트테이프, 남미 요리에 관해 이야기를 나누었다. 유아기와 청소년기 일부를 베네수엘라에서 보내고 페루에서 고등학교를 마친 후 미국으로 대학을 갔다. 나에게 위스키를 한 잔 사주었다. 나도 그에게 위스키를 한 잔 사주었다. 와츠가 우리와 이야기를 나누기 위해 왔지만 끼지 못하고 곧 가 버렸다. 몇 번 담배를 피우러 발코니로 나갔다. 다비드는 사실 자기도 한국말을 잘 못 한다며, 한국인이라는 생각을 해본 적이 없다고 했다. 그러면서 자기 생각에는 자기가 베네수엘라 사람처럼 보인다고 생각하는데 아무도 그걸 이해 못 한다고 했다. 심지어는 아내까지도. 그 발코니에서 다비드는 내게 한국에서 지내는 게 행복하냐고 물었다. 몇 초쯤 생각하는데 우리 집 뒤 목련 나무와 자정의 귀갓길, KBS 출근길 지하철, 노량진 수산시장, 어지러운 내 책상, 누워서 책을 읽곤 하는 내 소파가 떠올랐다. 그리고는 이 단순한 것들로부터 느끼는 피로함은 없다는 것을 깨달았다. 그래서 대답했다. 응. 나는 행복해. 술 한 잔을 더 마시기 전에 다비드가 말했다. "에르마노, 나는 베네수엘라가 너무너무 그리워. 그런데 폭력적이지 않은 사람에게 좋은 나라는 여기, 한국이야." 며칠간 이 말이 머릿속에서 떠나지 않았다. 내가 왜 여기에 있는지 이보다 더 좋은 설명은 없기 때문이다.

*

오늘, 세상에서 가장 아름다운 택시를 탔다. 택시에 올라탄 지 얼마 되지 않아 안경을 쓴 중년의 기사가 우리에게 공책 한 권을 건넸다. 수정은 순간 기독교를 전파하려는 줄로 생각했다. 하지만 재빨리 기사가 설명하길, 자신의 승객들이 글을 남긴 공책이라고 했다. 내가 무언가를 쓸 동안 수정은 가장 오래되어 보이는 공책을 하나 읽었다. 가장 처음 글은 2010년에 쓴 것이었다. 여의도까지는 15분이 걸렸다. 그 시간 내내 공책을 읽던 수정이(보통은 멀미 때문에 아무것도 읽지 않는다) 눈시울을 붉혔다. 몇 개의 글을 읽었는데 거기에는 바람에 관한 짧은 시도 한 편 포함되어 있었다. 기사가 직접 쓴 것이었다. 명료하면서도 아름답지만 지나치게 감성적이지는 않은 시라고 했다. 하지만 가장 놀라웠던 점은 글 대부분이 마음속으로부터의 고백을 담고 있었다는 점이다. 마치 이들 모두가 맺힌 감정들을 터놓기 위해 이 택시를 기다리기라도 했다는 듯이 말이다. "나는 혼자다. 아내는 거의 집에 없다. 아들은 나를 미워한다." "병원에서 나오는 길이다. 생각했던 것보다 심각하다. 어떻게 해야 할지 모르겠다." "두 번째 만나러 가는 길이다. 너무도 설렌다. 지금까지 만난 여자 중 가장 멋진 여자다." "어머니가 오늘 돌아가셨다." 어쩌면, 이것이 바로 삶일 것이다. 삶의 순수한 상태. 나도 따라서 눈시울이 붉어졌다.

*

가끔 궁금하다. 아이를 갖게 되면 욕심이 생길까? 더 많은 돈을 갖고 싶은 마음이? 아니면 반대로, 교육의 한 방편으로 검소함을 가르치게 될까? 어린 수도승처럼 말이다. 하지만, 유년기의 가난만큼 힘든 것은 없다. 천연두 흔적과 같은 것이다. 2년 전쯤 미국의 레지던시에서 한 방글라데시 남자를 만난 적이 있다. 찢어지게 가난한 두메산골에서 살다가 가족 모두 영국으로 이민을 갔다. 그의 아버지는 버스 운전기사로 일했다. 고등학교를 졸업하고 옥스퍼드 대학에 들어가게 되었다. 그곳에서 수학을 공부했고 이후 케임브리지 대학에서, 이후에는 프린스턴 대학에서 공부했다. 주식 중개인이 되었고 많은 돈을 벌었다. 하지만 가난의 유령은 절대로 그를 포기하지 않았다. 목마른 개처럼, 어디를 가든 옆에서 붙어 다니며 그가 어디에서 왔는지 생각하게 했다. 자수성가한 사람들의 영웅담을 싫어한다는 걸 안다. 어쩌면 빈곤했던 과거에 맞서기 위해 작가가 되었을 수도 있다. 그 레지던시에서 그는 첫 소설을 마무리하고 있었다. 이미 집필한 지 몇 년이 지난 터였다. 매우 사교적이고, 허풍을 떨며 사람들을 즐겁게 해주던 그의 말투가 기억난다. 차분히 정리된 다양한 지식으로 우아하게 공격할 줄 아는 총명함을 지닌 사람이었다. 그의 책은 성공할 것이다. 하지만 어렸을 때부터 그를 수행해왔던 깡마른 개를 죽일 수 있을지는 장담할 수 없다. 그리고 보니, 나의 깡마른 개, 나의 그림자는 도대체 무엇일까?

가을

자전거를 샀다. 온종일 컴퓨터 앞에 앉아 있거나 소파에 누워서 책이나 보며 시간을 보내자니 죽을 것만 같았다. 몇 번의 시행착오 끝에 나만의 경로를 완성했다. 아침 10시, 아니면 오후 6시쯤 집을 나서 한강 방향으로 내려갔다가 미군 부대 담을 따라 돌아서 전쟁기념관에 도착해 뜰을 한 바퀴 돈다. 탱크와 대포, 전함과 전투기, 수송기들 사이를 지나서 큰길에 들어서면 페달을 세게 밟는다. 오후에는 학교에서 나와 자정까지 공부하는 학원으로 가는 학생들로 가득한 길이다. 순대국 전문점들이 즐비한 골목을 지나 기찻길과 평행한 곳에 있는 큰 고물상 창고를 지난다. 바로 옆에는 고급 아파트 건물이 두 채 있는데 지날 때마다 바람이 얼굴을 향해 한껏 불어온다. 그리고선 한달음에 집까지 올라온다. 초반에는 거의 심장마비가 올 뻔했다. 이 경로를 처음으로 완주한 날, 스페인 사이클리스트의 말이 생각났다. "오늘, 고통이라 불리는 훈련의 끝을 보았다."

*

자전거를 타고 집에 돌아오면 대개는 수정이 요리를 하고 있다. 그리고는 그 음식을 무릎에 올려놓고 소파에 앉아 컴퓨터로 TV 시리즈를 본다. 텔레비전을 살까도 생각했지만 대신 책장을 샀다. 처음 한국에 왔던 2008년, 내가 살기로 한 스튜디오에 도착해서 제일 먼저 한 일은 텔레비전을 켜는 것이었다. 텔레비전에 나오는 장면들을 보며, 다른 세상에 왔다는 걸 깨달았다.

한국의 텔레비전채널은 교육 관련 프로그램과 드라마, 그리고 속임수와 예상치 못한 매질과 슬랩스틱이 난무하는 코미디 프로그램이 대부분이다. 드라마틱한 한국의 영화에도 항상 누군가를 때리는 장면이 나온다. 그중 가장 보편적인 건 등짝이나 어깨, 머리 뒤통수를 손바닥으로 갈기는 것이다. 이는 애정을 표현하는 한 방법이기도 하다. 텔레비전을 사지 않은 게 과연 옳은 결정이었는지는 잘 모르겠다. 만약 샀더라면, 한국어나 한국인이 말하는 소리, 일상적인 표현에 조금 더 익숙해졌을지도. 하지만 나는 안다. 지상파에서 나오는 요리 프로를 보며 내 오후를 탕진해버렸을 거라는 걸. 잊힌 유명 인사들이 지방의 오래된 식당과 동네 술집, 고속도로 휴게소 등에 들른다. 마취제가 따로 없다.

텔레비전 대신 산 책장을 조립하느라 두 시간을 허비했다. 한국어 매뉴얼은 별 도움이 되지 않았다. 어쨌든 조립을 마치고 세운 후 책장에 선반을 끼워 넣을 때는 마치 정복자가 새로운 땅을 발견하고 언덕 위에 칼을 꽂는 기분이었다.

*

제일 좋아하는 한국 과자가 생겼다. 아직도 신기한 끈적끈적한 전통 쌀 과자가 아니다. 놀랍도록 훌륭한 과자, 초코파이다. 초콜릿으로 덮인 이 비행접시 모양의 파이를 한 번에 두 개는 거뜬히 먹을 수 있다. 어떨 땐 세 개도 먹는다. 엄청나게 더운 날에는 초코파이를 두어 시간 냉동실에 얼렸다가 먹으면 최고다. 단순히 중독성 있는 카스테라 빵이라고 말하면 안 된다. 1974년 오리온이 생산하기 시작한 이 과자는 한국 번영의 상징 같은 것이다. 몇 달 전, KBS에 있을 때 개성공단 폐쇄에 관한 뉴스를 읽은 적이 있는데, 개성공장 근로자들은 인센티브로 하루에 초코파이 다섯 개를 받곤 했다는 것이었다. 야간작업을 하는 사람들은 스무 개까지 받은 적이 있다고 한다. 이렇게 받은 초코파이를 암시장에서 팔면 꽤 짭짤한 부수입을 거둘 수 있다고 한다.

날짜를 세었다. 오늘까지 13,354일을 살았다. 한국 나이로 계산하자면, 그러니까 엄마 배 속에 있었을 때까지 같이 계산하면 총 13,627일이다.

*

한 한국인 건축가가 수정에게 연구 모임으로 들어오라는 제안을 했다. 집에서 조금 떨어진 용산 미군 기지의 시청각 자료를 함께 발굴하고 아카이빙하자는 것이었다. 수정은 나에게 미군 기지 대외 협력 담당자에게 프로젝트를 소개하러 갈 건데 같이 가겠느냐고 물었다. 나는 1초도 망설이지 않고 수락했다.
    한 커피숍에서, 미군들과 중간에서 연결해줄 맷을 만났다. 군인은 아니고 건축 컨설턴트다. 이야기할 때 항상 시선을 상대방의 가슴께에 둔다. 맷과 나, 한국인 건축가, 조경 전문가와 사진작가, 그리고 수정까지 모두 함께 걸어서 드래곤 힐 옆 미군 기지 입구에 도달했다. 중년의 한국계 미군 부사관 두 명이 입구에서 우리에게 신분증을 요구했다. 무지하게 큰 통에 든 팝콘을 돌아가면서 쥐어 먹고 있었다. 이로써 우리의 개인 정보는 미군의 전산 시스템에 영원히 새겨지게 되었다. 시큐리티 체크를 몇 번 더 지나 드디어 미군 땅에 들어올 수 있었다. 용산 기지는 작은 도시 같았다. 존 치버나 존 업다이크가 묘사하던 외곽 도시 말이다. 차이점은 군인과 그의 가족이 산다는 것. 신호등과 교통신호, 완벽하게 정리된 잔디는 코네티컷에서 그대로 옮겨온 것 같았다. 아스팔트는 색이 조금 바랬고 서울의 다른 길들보다 더 오래된 것 같았다. 우리는 슈퍼마켓과 호텔, 도서관, 패스트푸드점을 지났다. 머리를 짧게 깎은 남자들이 한 귀퉁이에서 훈련하고 있었다. 빨간 머리의 여자가 센트럴파크를 가로지르는 표정으로 조깅을 하며 지나갔다. 우리는 상가에 도착했다. 맷이 우리에게 이곳은 식민지 시절 특수부대의 핵심 초소였다고 말해주었다. 1910년부터 일본이 항복해 제2차 세계대전이 끝나던 순간까지 말이다. 회의는 큰 회관에서 했다. 지붕의 네 꼭지가 휘어져 있어 한국 전통 건축양식을 떠올리게 했다. 그러나 목재로 만들어진 게 아니라 거대한 콘크리트 건물이었고 정면에는 깃발 세 개가 펄럭였다. 미국, 한국, 그리고 유엔군의 깃발이었다. 건물에 들어가며 신분증을 다시 검사받고 신청서에 사인을 했다. 그리하여 백악관의 일부에 들어오게 되었다. 메인 복도를 지나다니는 미군과 한국 군인들을 보았다. 두 나라의 군이 함께 군대를 관리하지만, 전쟁 시 최종 판단을 내리는 쪽은 미군이다. 1953년 휴전협정에서 정해진 내용이다. 한 회의실에 들어가니 스무 명쯤 앉을 수 있는 큰 탁자와 모니터, 프로젝터, 그리고 문장紋章이 새겨진 나무 벽이 있었다. 80년대 전쟁 영화 배경처럼 꾸몄다고 생각하다가 문득 이곳이 바로 전쟁

가을 __181

개시 여부를 결정하는 실질적인 장소라는 사실을 깨달았다. 맷은 우리가 앉을 곳을 정해주었다. 나는 보조원들이 앉는 뒤쪽 의자에 앉았다. 수정은 같이 간 사람들과 함께 원탁에 앉았다. 미군 부사관에게 기지 내 라디오방송국의 청각 자료들을 볼 수 있게 해달라고 설득할 참이었다. 60년대와 70년대, 꽤 많은 한국의 그룹들이 영어로 노래하며 군인들을 즐겁게 해주었다. 그렇게 '록 메이드 인 코리아'가 탄생한 것이다. 그 후에도 기지 근처 클럽들을 통해 디스코와 펑크^{Funk}, 메탈, 힙합을 퍼트린 것도 미군들이었다. 한국인들이 찾기를 꺼리는 동네가 된 90년대까지도 말이다. 서울 한가운데 위치한 이태원은 군인과 창녀와 소동을 좋아하는 사람들이 모이던, 타락으로 얼룩진 자국 같았다. 서울 올림픽이 열린 1988년, 관광객이 유입되며 분위기가 조금 달라졌지만, 항상 평균 이상으로 개방적인 사람들이 드나들던 곳이었다. 돈이 있는 한국인들은 프랑스, 태국, 인도, 아랍 등 각국의 요리를 맛보기 위해 이 동네를 찾았다. 이태원 미친 시절의 흔적은 아직 남아 있다. 후커 힐과 호모 힐 술집들은 여전히 건재하고, 자신의 취향에 맞는 접대부를 찾아다니는 사람들이 소방소 뒤편 언덕을 오른다.

회의실로 세 남자가 들어왔다. 둘은 군복을 입었고 한 명은 사복을 입었다. 사복을 입은 사내는 대머리인데 내가 있다는 걸 유일하게 신경 쓰는 사람이었다. 나에게도 명함을 준 것이다. 명함

귀퉁이에는 금색 독수리가 박혀 있었다. 나머지 둘은 대령과 공사관이었는데, 대령은 희끗희끗한 머리에 푸른 눈을 가진 온화한 인상을 주는 사람이었고, 공사관은 스타트렉의 승무원 중 아시아계 미국인인 조지 타케이를 꼭 닮은, 엄격한 얼굴의 사람이었다. 나중에 우리는 그가 어렸을 때 한국에서 미국으로 이민을 했다가 군대에 입대했다는 것을 알게 되었다.

이 회의에는 내 머리로는 잘 이해할 수 없는 비현실적인 구성 요소들이 있었다. 너무도 오랜만에 아시아 사람보다 서양 사람이 더 많은 곳에 있기 때문일까. 아니면 선임들이 눈빛만 주면 바로 서명할 수 있도록 종이를 들고 회의실에 들어온 금발의 비서관들 때문인 걸까. 어쩌면 간첩 혐의가 있는 누군가를 구속하고 조사하라는 명령을 받은 걸 수도 있다. 위험한 타국에서 미국 사령관에게 매일 받는 임무들. 이라크와 아프가니스탄을 제외하면 이곳이 미국의 안전을 가장 위협하는 곳이다. 지휘관끼리의 회의는 어떠할지 궁금하다. 벽에서 본 문장들은 가짜고 그 뒤에 작은 조명들과 큰 지도, 그리고 제어반이 여럿 있는 전시 회의실이 숨어 있을까? 기묘한 분위기에 더해, 프로젝터가 갑자기 작동하지 않자 푸른 눈의 대령이 아무렇지 않게 한마디 했는데, 그 경악스러운 말이 한동안 귓속을 떠나지 않았다. "아시다시피 전쟁은 우리들이 아주 잘합니다, 하지만 이런 것들은 여러분들이 더 잘하지요."

프로젝트에 대한 소개가 계속되었고 군인들의 이의 제기가 이

어지며 회의는 한 시간을 넘겼다. 초반에 긴장된 분위기로 시작된 만남이 이민자 출신의 한국인이 들려준 이야기로 훈훈하게 마무리되었다. 60년대, 가족을 만나러 서울에 오면 항상 용산기지 근처에서 놀았다고 한다. 아가씨들이 미군 클럽에서 기지로 데려가 영화도 보여주고 핫도그도 사주며 데이트할 군인을 줄을 서서 기다렸다고 한다. 대머리 남자는 가장 어려웠던 순간들을 기억해냈다. 80년대에 많은 시위가 있었고 벽 너머로 화염병이 넘어오기도 했다. 미군의 장갑차에 깔려 두 여학생이 죽었을 땐 미군 철수를 강하게 요구했다고 했다. 10년 전쯤, 휴전 50년을 기념하던 해 분노에 찬 학생 시위대가 인천의 광장에 있는 맥아더 장군의 동상을 무너뜨리려고 했다고 한다. 그리고 늙은 참전 용사들이 모여 손을 잡고 이를 막았다고 한다.

회의는 악수와 협력에 대한 약속으로 끝이 났다. 이들은 특히 수정이 아이패드를 꺼내 틀어준 노래를 좋아했다. 군인들은 이 목소리의 남자가 엘비스 프레슬리가 아니라는 걸 믿지 못했다. 번안곡은 원곡과 완전히 똑같았다. 푸른 눈의 대령이 수정의 영어 실력을 칭찬했다. 수정의 영어를 들을 때면 언제나 기분이 이상하다. 버지니아나 오리건 출신의 심령이 수정에게 씐 것 같다. 어렸을 때 류머티즘 관절염에 걸려 한동안 학교에 가지 못했는데, 그때 영어를 배웠다고 했다.

회의가 끝나고 맷이 우리를 미군 펍에 데려갔다. 텔레비전에서는 FOX 방송국의 뉴스가 나오고 있었다. 정보를 전달하는 뉴스라기보다는 이것저것 보여주는 프로그램이었다. 펍에는 한국 맥주는 없고 미국 맥주만 있었다. 회의 중에 조경 전문가가 휴대전화를 충전하기 위해 콘센트를 찾았지만, 미국식이라 선을 꽂을 수 없었다. 마치 우주식민지 같았다. 기지에 있는 동안 나는 〈환상특급〉의 한 회에 있는 기분이었다. 그러다가 어느 순간이 되면 저 군인 중 한 명이 갑자기 얼굴을 쥐어뜯어 자기의 진짜 정체인 외계인의 얼굴을 보여주는 상상을 했다.

*

어째서인지는 모르겠지만, 방금까지 아버지의 죽음을 생각하고 있었다. 혹시나 해서 밝혀두는데, 내 아버지는 '끝'과 '죽음'이라는 이름의 흙빛 하늘과 무관하다. 아직 10년도 더 남았다. 하지만 어쨌든, 만약 그런 일이(아버지의 죽음이) 일어난다면 동생들에게 화장을 해서 아버지가 10년째 살고 있는 농장을 가로지르는 강에 뿌리자고 할 것이다. 외롭지만 행복하다는 걸 알고 있다. 거기에다 씨를 뿌리고 고생하며 키운 커피로 상도 몇 번 탔다. 아버지의 메모장과 고무 부츠, 땀에 눌러 붙은 머리카락, 오후에 일꾼들이 수확해온 커피 무게를 재는 그의 모습이 여기에서도 눈에 선하다. 매년 차를 바꾸고 맞춤 양복을 입던 도시의 남자와 지금 그의 모습은 얼마나 다른지. 주말마다 수영장이 딸린 별장에 갔고 12월에는 바다에 가곤 했다. 파산과 질병이 앗아가 버린 것들이다. 어머니가 미국에 일하러 갔을 때 둘은 이혼했고 아버지는 보고타에 남았다. 지금은 너무 잘 지낸다고 한다. 적어도 나와 통화할 때는 그렇게 말한다.

*

샤워를 하고 나왔는데 아직도 여름의 열기가 가시지 않아 강남역 무인양품 매장에서 산 짧은 기모노 타입의 진베이를 입었다. 오즈 야스지로의 영화에 나오는 배우가 된 기분이었다. 이 옷을 입고 담배를 사러 집 앞 가게에 나갈 수 있으면 좋겠지만 그랬다가는 동네 어른들이 뭐라고 할지도 모른다. 나를 욱일기와 제국주의를 친양하는 친일파라고 생각하면 곤란하다.
아시아에 오기 전에 좀 더 많이 알았던 일본이 아닌, 한국이라는 나라에 점차 스며들게 되었다는 것이 무엇을 의미하는지 요즘 자주 생각한다. 신혼여행으로 수정과 함께 일본에 갔을 때 너무도 깊은 인상을 받았다. 요리와 함께 얼음같이 찬 맥주를 마시던 오사카의 밤들과 나라奈良에서 묵었던 고택 숙소. 그곳에서 2010년

월드컵 게임을 봤었다. 교토 카모 강변과 그곳에서 강아지처럼 목줄을 맨 족제비와 산책하던 남자도 기억난다. 세속적인 향락이 창궐하는 가부키초와 신주쿠의 서점과 레코드점. 그곳에서 한참을 찾아다니던 책을 드디어 발견했다. 노사카 아키유키^{野坂昭如}의 《인류학 입문^{エロ事師たち}》이라는 60년대 소설로, 일본판 〈부기 나이트〉 같은 책이다. XXX 등급의 에로 영화 만들기가 직업인 남자들이 영화를 찍기 위해 겪는 우여곡절을 그리고 있다.

일본은 매우 매력적인 곳이지만 수정과 나는 안다. 일본인들은 외국인을 좋아하지 않는다는 것을. 머리부터 발끝까지 보수적이고 군사적인 새 총리가 뽑힌 후 극우파가 점점 늘어나고 있기도 하고 말이다. 거기에다 또다시 다른 곳에서 아무것도 없이 시작할 힘은 거의 남지 않았다. 어쩌면 이게 나을 것 같다. 일본 근처 한국에서 살면서 진베이를 입고 프리즘을 통해 일본을 바라보는 것. 두 시간 동안 비행기를 타고 도쿄에 도착해서 즐거운 시간을 보내고, 그 즐거움의 대가로 도시가 우리의 영혼을 빨아서 먹겠다고 위협할 때쯤 우리의 조용한 집으로 돌아오는 것이다.

*

산책로에 떨어져 밟힌 은행나무 열매 냄새는 견딜 수 없이 지독

하다. 몇 주 전 은행잎은 초록에서 노랑으로 바뀌었고 노란 잎들은 붉어졌으며 붉은 잎들은 황토색이 되었다. 황홀할 정도로 아름다운 색들이지만, 열매 악취는 아기의 구토 냄새를 떠올리게 한다.

*

집에서 다섯 블록 정도 떨어진 곳에 연 새로운 술집에서 리처드의 생일 파티가 열렸다. '골목'이라는 곳이다. 주인의 방대한 레코드 컬렉션이 벽을 메운 곳이다. 닐 영이나 더 킹크스$^{\text{The Kinks}}$의 가장 우울한 앨범부터 레이드 백$^{\text{Laid Back}}$의 'White Horse' 같은 신스팝 대표곡들까지 있다. 한 번은 주인장이 나에게 파코 이바녜스$^{\text{Paco Ibanez}}$의 앨범을 보여준 적도 있다. 골목에서는 듣고 싶은 음악을 신청할 수 있고, 팔꿈치를 괼 수 있는 긴 바가 있다. 술은 그다지 비싸지 않고 완벽하게 건조된 버섯, 카사바, 호박, 마늘 과자가 있다. 벽에는 고전 영화들이 프로젝트를 통해 상영된다. 어제는 〈말타의 매〉와 〈파리, 텍사스〉가 소리 없이 벽에 비추어졌다. 올가을과 겨울 동안 꽤 자주 올 것 같은 느낌이 든다. 지금까지는 단골이라고 부를 만한 곳을 한 군데도 가져본 적이 없다.

*

주말에는 예상치 못한 늦더위가 들이닥쳐 내 몸에 흐르는 피까지도 불쾌하게 느껴졌다.

*

번역원에 다시 출강하기 시작했다. 지난번처럼 1주일에 수업 하나를 하면 월세를 벌 수 있고, 서울의 금융가까지 버스를 타기 위해 의무적으로 나의 음침한 소굴을 벗어나야 한다. 오늘 수업에서 가장 좋았던 점은, 순간적으로 내 목소리를 너무 의식한 나머지 학생들이 내 눈을 보며 집중했다는 것이다. 뭔 얘기를 하고 있었는지는 생각도 안 나는데 어쨌든 전부 내가 하는 얘기에 귀를 기울이는 것처럼 보였다.

*

토마토는 과일이다. 토마토는 과일이다. 토마토는 과일이다. 샐러드에 토마토를 넣는다는 건 사실, 상추와 함께 딸기나 귤껍질을 넣는 말도 안 되는 요리법에서나 할 짓이다. 신세계 백화점의 식품 코너에서는 토마토 아이스크림을 판다. 그러니 나도 이제는 받아 들여야 한다. 이 나라에서 토마토는 과일이다.

*

2주 전, 지난 몇 달간 심사위원으로 위촉되었던 번역상 시상식의 초청장을 받았다. 오늘이 마침 시상식이라 면도를 하고, 몇 년 사이 몸이 좀 불긴 했지만 아직은 잘 맞는 양복을 입고 멋진 물방울무늬 넥타이를 맸다. 늦을까봐 걱정하며 택시를 탔는데 15분 정도 여유 있게 도착하여 시청 근처를 조금 걸었다. 옷차림새 때문에 저녁 여섯 시에 회사를 나와 고깃집을 향하는 서울의 회사원들과 같은 부류가 된 것 같았다. 폭이 좁은 치마를 입고 하이힐을 신은 여자 몇 명과 시선이 마주쳤는데 피하지 않고 서로 빤히 쳐다보았다. 서로의 눈이 마주친 순간, 뭔가 보통과는 다른 무언가가 느껴졌다. 예상치 못한 기대랄까. 갑자기 싱글이 된 것 같았다. 어쩌면 근처 보험 회사나 증권 회사에서 일하는 외국인이라고 생각했을 수도 있다. 회사에서 아파트도 받고 차도 받으며 생활비로 신용카드 두 장 정도는 쓰는 그런 사람이라고.

시상식은 외신 기자 클럽에서 진행되었다. 초청 기관의 이름이 인쇄된 공식 초청장을 내밀었더니 곧바로 다른 심사위원들이 모여 있는 테이블로 데려갔다. 내 옆에는 한서^{韓西} 번역의 전설, 고혜선 교수가 앉아 있었다. 테이블에 있던 사람들 모두 말이 없는 가운데, 수상 소감과 사진 촬영, 상장 수여 등을 보면서 지루해하고 있었다. 마지막 수상 소감이 끝나자마자 고 교수는 나를 팔꿈치로 찌르며 말했다. "가자! 밥 먹으러 갑시다."

고 교수가 뷔페를 돌며 샐러드와 회 몇 점을 접시에 담는 동안 나는 훈제 오리와 야채 볶음을 접시에 가득 담았다. 식사하는 동안 틈틈이 이야기를 나누었다. 내가 보고타 출신이라고 말하자 카로 이 쿠에르보 연구원$^{Instituto\ de\ Caro\ y\ Cuervo}$에서 남편을 만났고 콜롬비아에 친구도 많다고 했다. 수정과 보고타에 살았을 때 알고 지냈던 한국인들이 생각났다. 금을 캐러 다니는 사람, 개신교 목사, 보고타 최초의 노래방 기계가 있는 식당 주인들은 모두 이미 80년대에 그곳으로 이주한 사람들이었다. 문득 머릿속에 누군가 떠올라 고 교수에게 그 사람의 이름을 언급했다. 물론 알지요. 친한 친구예요. 나는 지금 새로 쓰려고 하는 소설에 태권도장 관장인 그 남자에 관한 이야기를 쓰고 싶다고 하며, 그 사람의 '이중 생활'을 언급하면 문제가 되지 않을지 물어봤다. 신중치 못한 질문이었다. 고 교수는 얼음송곳 같은 눈으로 나를 쳐다보며 말했다. "전혀 문제될 게 없지요. 그래봤자 소설이잖아요, 안 그래요?" 바보 아니냐는 말만 안 했을 뿐이다. 그렇지만 고 교수가 밉지는 않았다. 60년대에 콜롬비아에 간 그 한국 남자의 기묘한 삶에 관한 글을 써도 된다는 공식적인 허락을 받은 기분이었기 때문이다.

다른 번역자들이 차례대로 우리 테이블로 와서는 고 교수에게 인사를 했다. 고 교수는 그들의 등을 두드리며 인사를 받아주는 게 전부였다. 접시에 조금 담은 회를 다 먹자마자 일어서더니 가겠다고 했다. 나는 고 교수에게 명함을 달라고 했다. 하지만 갖고 있지 않았다. 그 나이에는 그런 쓸데없는 짓은 하지 않는다. 대신 휴지에 이메일 주소를 받아 적었다. 고 교수가 떠난 후 나는 고아가 된 기분이었다. 마르고 얼굴에 기미가 낀 독일인과, 프랑스인 심사위원들은 치명적인 바이러스에 감염된 듯 각자의 접시를 뚫어지게 쳐다보고 있었다. 나에게 관심을 가진 사람은 얼굴 군데군데 점이 있는 대머리의 한 남자뿐이었다. 자기 자리 옆에 있던 병맥주를 들어 나에게 마시겠냐고 물어보았다. 우리는 맥주를 나누어 따르고 웃으며 잔을 부딪쳤다. 다른 번역가들이 그에게 작별 인사를 할 때야 비로소 그가 누군지 알아챘다. 앤서니 수사 Brother Anthony였다. 아일랜드 선교사 출신으로 40년 전에 한국에 와 이제는 안선재라는 한국 이름을 쓴다. 만약 내가 그처럼 오래 이곳에 머문다면 한국 이름은 무엇으로 할까. 그런 일이 일어난다고 해도 나는 계속 그냥 안드레스 씨로 남겠지. 한국 이름을 가지는 건 약간 촌스러워 보이긴 한다. 앤소니 수사에 관해 처음 이야기를 들려준 사람은 리처드였다. 고은 시인의 공식 영문 번역가라고 했다. 그의 옆에 앉아 나는 두 번째 맥주를 나눠 마시며 같은 질문을 반복했다. 그에게 난청이 있었기 때문이다. 예전에도 한국인들이 그렇게 외모에 집착해왔는지 알고 싶었다. 그는 그렇다고 대답하며 그 문화는 자본주의니 대량생산이니 광고니 하는 것들보다 더 앞서 있었던 것이라고 했다. 그러나 당연히 지금만큼 심하지는 않았다고 한다.

이윽고 모든 사람이 떠나고 앤소니 수사와 나, 번역상 수상자들만 남아 가야 할 시간이 되었다. 수사에게 작별 인사를 했더니, 마치 드디어 족쇄에서 풀려난 듯 나를 보고 웃으며 몸을 일으켰다. 그렇게 우리는, 한 행사의 끝을 함께했다. 40년의 시간 차를 두고 각자 찾아온 이 나라에서. 엄격한 군대와 흙길이 있던 이곳에 도착한 그와 플라스마 텔레비전과 성형한 얼굴과 케이팝 가수들이 있는 나라에 도착한 내가 말이다.

*

《무진기행》의 스페인어본은 문제가 너무 많아서 읽어줄 수가 없다. 번역상을 심사하면서 내심 상을 탔으면 했던 작품이었는데 말이다. 책의 제목과 동명인 단편은 너무도 아름다운 작품이다.

사랑에 관한 이야기를 읽으면서 감명한 게 얼마 만인지. 열매가 떨어져 불쾌한 냄새를 풍기기 전에 집 근처 은행나무 아래 벤치에 앉아서 읽었었다.

김승옥이 21세 때 쓴 단편소설 〈무진기행〉은 60년대 중반 고향을 방문하는 한 유부남의 이야기다. 그에게 고향은 우울한 곳이다. 산 사이에 언제나 자욱하게 끼어 있는 안개 때문이기도 하지만, 그보다는 자신이 대도시로 가기 전에 어떤 인간이었는지를 상기시키기 때문이다. 그는 고향 친구들과의 술자리에서 한 음악 교사를 만난다. 술집이 문을 닫자 남자와 여교사는 같이 근처를 걷기로 한다. 섹슈얼한 긴장감이 묻어 있는 대화가 오가고 둘은 다음날 둑에서 만난다. 간음의 결과는 두려워하지 않은 채 둘은 입을 맞추고 일주일간 함께 있기로 약속한다. 하지만 그날 저녁 숙소에서 남자는 서울로 당장 돌아오라는 아내의 전보를 받는다. 그리하여 서울로 떠나기 전, 여교사에게 편지를 쓴다.

"갑자기 떠나게 되었습니다. 찾아가서 말로써 오늘 제가 먼저 가는 것을 알리고 싶었습니다만 대화란 항상 의외의 방향으로 나가버리기를 좋아하기 때문에 이렇게 글로써 알리는 것입니다. 간단히 쓰겠습니다. 사랑하고 있습니다. 왜냐하면 당신은 저 자신이기 때문에, 적어도 제가 어렴풋이나마 사랑하고 있는 옛날의 저의 모습이기 때문입니다. 저는 옛날의 저를 오늘의 저로 끌어다 놓기 위하여 갖은 노력을 다하였듯이 당신을 햇볕 속으로 끌어 놓기 위하여 있는 힘을 다할 작정입니다. 저를 믿어주십시오. 그리고 서울에서 준비가 되는 대로 소식드리면 당신은 무진을 떠나서 제게 와주십시오. 우리는 아마 행복할 수 있을 것입니다."

남자는 다음날 새벽, 짙은 안개를 지나 서울로 떠난다. 밤에 쓴 편지는 찢어버린 채.

*

"책이란 우리 내면의 얼어붙은 바다를 깨는 도끼이다."

_프란츠 카프카

*

가끔 특정한 골목에서 보이는 한국 남자들처럼 담배를 피울 수 있으면 좋겠다는 생각을 한다. 엉덩이는 바닥에 닿지 않게 쭈그리고 앉아서 두 팔꿈치는 벌어진 다리 위에 얹은 채로 생각에 잠겨 있다. 세상을 있는 그대로 바라보기에 가장 적합한 포즈가 아닌가 싶다.

*

멍청한 꿈을 꾸느라 수면 시간을 소진해버려서 항상 기분이 안 좋은 채로 잠에서 깨는 여자와 데이트한 적이 있다. 이 이유로 몇 번 다투기도 했었다. 나는 꿈을 통제하는 것은 불가능하다고 몇 번이나 얘기하면서 화를 낼 이유가 없다고 했다. 더 나은 꿈이란 건 없다. 그녀는 그 사실을 알고 있었지만, 불평을 멈추지 않았다. 칼 융은 꿈은 온전하게 개별화되어 있지 않고 반대로 어떠한 네트워크의 한 부분을 형성한다고 주장했다. 두세 시간 깊은 수면 상태에서 꾸는 새벽꿈을 통해 우리는 끝없는 강처럼 이어진 꿈속의 공동 지류로 변신한다.

오늘 아침 잠에서 깨자마자 오늘 처음 꾼 게 아닌 음탕한 꿈들이 기억났다. 종종 있는 일이다. 한 번은 콜롬비아 정치인의 연설도 등장했다. 왜 그런 꿈을 꾸는지 한참을 생각해보았다. 꿈이 너무 시시해서 부끄러웠다. 마치 '칼 융의 꿈'이라는 개념에 들어맞는 꿈을 꾸는 것이 내 임무라는 듯이. 지난겨울엔 나도 깜짝 놀랄 만큼 신기했던 꿈도 꿨다. 종이로 만든 마을이 나오고 미용실

바닥 아래에 조성된 땅굴을 통해 극적으로 북한을 도주하는 이 야기였다.

*

강남의 한 바에 초대받았다. 디자이너가 만든 조명에 널찍한 소파, 최신 유행 스타일로 꾸며진 그 주변의 바와는 실내디자인이 사뭇 대비되는 곳이었다. 90년대 회사원들이 갈 법한 곳이었다. 벽은 고급 도배지와 나무로 장식되어 있었다. 위스키를 주문했다. 넥타이를 맨 웨이터는 호박색의 술이 채워진 샷 잔과 얼음 잔을 가져 왔는데 그 안에는 세상에서 본 것 중 가장 아름다운 얼음이 담겨 있었다. 테니스공만 한 얼음 덩어리가 다이아몬드처럼 세공되어 있었다. 나는 그 얼음의 무수한 면과 기하학적인 모양에 완전히 매료되었다. 완벽한 형상을 만드는 기계가 있을지도 모른다. 위스키를 부으니 얼음이 별처럼 반짝거렸다. 지겨웠던 참이었다. 리처드의 패션 디자이너 '친구'라는 한국 여자가 생일 파티에 우리를 초대했고, 자신의 의류 브랜드 홍보차 생일 파티를 하는 중이었다. 이윽고 그녀의 친구들이 옷이 걸린 행거를 갖고 나오기 시작했다. 초대된 사람들에게 어느새 배포된 카탈로그에서 모델로 등장했던 친구들이었다. 파티의 주인공은 은행을 그만두고 거지 같은 옷을 팔면서 돈을 벌려고 한다. 상사에게 학대당하고 추가 수당 없는 야근을 하며 주말 출근에, 허울뿐인 회의들에 진절머리 난 수많은 한국 젊은이들과 같은 히스토리다. 지루하다. 다행히 북극에서 갓 도착한 듯한 저 아름다운 얼음 조각이 내 앞에 있다.

*

수정이 부산국제영화제 스페인어 통역으로 일하게 되어 나도 콜롬비아 잡지기자로 영화제에 등록해서 같이 부산에 갔다. 수정은 부모님 집이 이사하게 되어 이를 돕기 위해 이틀 정도 일찍 내려가 있었다. 어제 통화를 했는데, 이사할 때 짧은 의식을 치렀다며 신난 목소리로 얘기해주었다. 모든 이삿짐은 트럭으로 나르고 커다란 헬멧처럼 생긴 밥솥만 따로 챙긴다. 수정과 어머니는 택시를 타고 무릎에 밥솥을 올려놓은 뒤 기사에게 이사 갈 아파트 단지에 도착하기 전에 동네를 한 바퀴 돌아달라고 얘기한다. 그다음에는 아파트에 발을 들여놓기 전에 현관에 소금을 뿌린다. 밥솥과 소금은 재물을 상징한다고 한다. 세상에서 가장 미신을 많이 믿는 사람들은 한국 사람인 것 같다. 고관과 재벌들에서부터 주부와 어부까지, 어떤 일을 행하기 전에 누군가가 대신 확신해주기를 바란다.

*

어제 오후 비가 오는 중에 슈퍼마켓에 갔다. 돌아오는 길에 나보다 조금 젊어 보이는 한 흑인이 아무 말도 없이 내 우산 속으로 쑥 들어왔다. 조금 놀라서 쳐다보았더니 나에게 씩 미소를 지었다. 대화 없이 몇 블럭을 같이 걸었다. 기분이 좋았다. 수정이 부산으로 떠난 이후 5일 만에 다른 사람과 함께 있는 것이었다.

*

서울역에서 부산역으로 가는 KTX 기차표를 한 장 샀다. 세 시간도 채 되지 않아 바다에 도착할 것이다. 서울은 이제 좀 쌀쌀해졌지만, 휴대전화 날씨 앱을 보니 남쪽 해안 지역의 날씨는 여전히 온화하다. 기차가 출발하기 전에 역 자판기에서 녹차를 하나 뽑아 마셨다. 휴가 나온 군인과 외국인 배낭족, 젊은 커플, 스님들까지 모두 유리와 금속으로 만들어진 지붕 아래 함께 있었다. 예전 역사는 바로 옆에 있다. 한국전쟁 후에도 살아남은 몇 안 되는 근대식 건물인데 지금은 박물관과 전시장, 공연장으로 쓰인다. 주변 고층 건물들 한가운데 혼자 여전히 1940년대인 양 커다란 시계를 외벽에 걸어두고 우두커니 서 있는 건물이다. 서울역 광장에는 노숙자들이 배회하고 있고 기고만장한 종교인들이 손에 메가폰을 쥐고 종말을 외치고 있다.

설레는 마음으로 계단을 내려가 열차에 오른 뒤 창가 내 자리에 앉았다. 발생할 수 있는 모든 두려운 일들을 완벽히 차단하려는 듯 머리를 뒤로 묶고 깔끔한 유니폼을 입은 젊은 승무원이 다가와 열차표를 검사했다. 기차가 출발했고 테이블 아래에는 매점에서 산 삼각김밥이 있었다. 도시를 지나니 공장과 고층 아파트가 나타났다. 이윽고 시골 풍경이 펼쳐졌다. 터널과 마을과 호수들이 지나갔다. 허허벌판의 모텔 네온사인이 도드라져 보였다. 한국전쟁 중 저 시골 곳곳에 묻힌 수백만 명의 백골을 생각할 틈도 없이, 철도의 반복되는 소음을 자장가 삼아 잠이 들어버렸다. 도착할 때가 되자 비디오게임 음악이 잠을 깨웠다. 부산역에 도착한 것이다. 내가 태어난 곳으로부터 이렇게 멀리 떨어진 곳에서 해야 할 행동을 정확하게 알고 있다는 게 얼마나 이상한지 생각했다. 지하철의 몇 호선을 타야 하는지, 어디에 가면 중국식 돼지고기 만두를 먹을 수 있는지 정확하게 알고 있다. 텍사스 스트리트에 들어가면 러시아 선원들을 위한 키릴문자 안내판이 있다는 것도, 그곳에 즐비한 술집들의 반쯤 열린 문 너머로 부드럽고 어스름한 미소들이 흔들리고 있다는 것도 안다.

*

장인의 명료했던 정신은 날마다 흐려져 가고 있었다. 수정은 아버지가 어떨 땐 같은 말을 무한 반복했다가 어떨 땐 입을 꾹 다물고 있다고 했다. 텔레비전과 신문을 보며 침묵으로 시간을 보낸다. 아파트에 들어서서 인사를 드렸을 때, 혹시나 나를 못 알아볼까 더럭 겁이 났다. 하지만 정반대로 장인은 손을 잡으며 환대했다. 그의 눈 속에는 잠깐이나마 여전히 삶이 빛나고 있었다. 내가 장인에게 낯선 사람이 아니라는 사실이 무척 기뻤다. 그와 더 가까워지고 싶었다. 그 세대의 엄격하고 무뚝뚝한 한국 남자들과는 다르게 상냥한 사람인 것 같았다. 하지만 이제는 가까워질 수 없다. 깊숙이 침투한 안개로부터 그를 구해낼 방법이 없다. 치매는 세상에서 가장 잔인한 벌인 것 같다. 하얗게 지워진 얼굴로 삶을 살아가는 기분일 것이다.

오후에 수정과 나는 옛 사진을 보았다. 첩첩산중 암자 앞에서의 아버지 사진이었다. 함께 야구를 하는 친구들, 함께 군대를 나온 동기들과 찍은 사진도 있었다. 장인은 한국에서 세 번째로 높은 산이자 한반도 남쪽에서 신성하게 여겨온 지리산의 한 마을에서 나고 자랐다. 워낙 산골 마을이라 전쟁이 터지고도 몇 달 동안은 주민 모두 그 사실을 모른 채 평화롭게 살았다고 한다. 그곳에는 총알도 박격포도 나타나지 않았고 불에 타는 집도 없었다. 전쟁이 끝나고 20년쯤 뒤에 장인은 중앙정보부에서 군 생활을 했다. 박정희 대통령과 독재 정권 하의 가장 격동적인 시절이 어떠했는지 물어볼 수 없다는 게 안타까울 따름이다. 수정도 그 시기에 아버지가 나라의 정보기관에서 일하면서 무엇을 했는지는 전혀 모른다. 하지만 장인의 생김새와 인자함, 딸들을 위한 개방적인 교육, 오토바이를 타고 미소를 띤 사진, 기하학무늬의 원피스를 입은 시골 여자들에게 둘러싸인 스스럼없는 모습의 사진들을 보면 엄격하지 않은 사람이라는 것은 짐작할 수 있다. 한편, 장모의 가족은 부산에서 전쟁을 맞았다. 인민군과 중공군이 도달하지 못한 도시였다. 수정의 큰이모들은 일본에서 교육을 받았다. 부산에서 배를 타고 3시간만 가면 후쿠오카에 도착한다. 이모 중 두 명은 꽤 유명한 한복 가게를 했었다. 천을 자르는 커다란 가위를 본 적이 있는데, 언젠가는 그 가위를 나에게 선물해주리라는 희망을 버리지 않고 있다.

수정의 가족과 내 가족은 언젠가 만날 수 있을까? 지금까지는 나를 피곤하게 하는 그 많은 가족 모임들을 피할 수 있었는데, 이것이 수정과 결혼한 무의식적인 이유 중 하나라고 말하지 않을 수 있을까. 서로의 가족이 수천 킬로미터를 사이에 두고 떨어져 사니, 친척의 생일 가족 모임이나 지루하기 짝이 없는 크리스마스 저녁 식사에 참석하지 않아도 된다. 수정의 이모들과 나의 이모들이 만나지 않으니, 서로의 손을 살피며 금반지가 몇 개가 되는지 세어볼 일도 없을 것이다.

*

오늘 화려한 독버섯처럼 생긴 영화의 전당 건물에서 김기덕과 쿠엔틴 타란티노 감독을 보았다. 엿처럼 휜 지붕의 불빛이 복잡한 조명 시스템에 따라 이리저리 바뀌었다. 내가 좋아하는 영화는 〈봄 여름 가을 겨울 그리고 봄〉 한 편뿐이지만, 김기덕 감독에게 사진 촬영을 부탁했다. 옆에 섰을 때, 중세 스타일인 듯 아방가르드한 유사 한복을 입은 감독에게서 이상한 냄새가 났다. 타란티노 감독은 스테로이드로 키운 근육질 체구를 갖추고 있었다. 이 두근은 부풀어 있어 〈저수지의 개들〉에 등장했던 바싹 마른 남자와는 완전히 다른 모습이었다. 기자회견 중에도 딱히 인상적인 말은 하지 않았다. 여느 때와 다르지 않게 식상한 농담들과 무뚝뚝한 대답들이 이어지는 동안 다른 것이 눈길을 끌었다. 까만 모카신과 발목이 드러난 바지 사이에 보이는 흰색 양말이었다. 세련된 남자들은 절대로 매치하지 않는다는 바로 그것이었다. 몇 시간 동안 그가 부럽다는 생각을 했다. 절대적인 자유의 상징 같았다.

*

아주 짧은 손톱을 보면 뭔가 공포를 느낀다. 1센티미터가 될까 말까 한 아주 작은 반달 모양의 손톱. 이 손톱이 엄지에 있을 때는 더욱 두렵다. 한참을 생각해봤는데, 이런 손톱은 한국에서 많이 봤고, 키하고는 상관이 없는 것이다. 그런 손톱을 가진 사람이 아주 많다는 얘기는 아니고, 다른 나라에 비해 상대적으로 비율이 높다는 뜻이다. 어쨌든 이런 것들이 나의 병적인 호기심의 실태를 보여준다. 대화도 글자도 이해할 수 없으니 한국인의 몸에 대해서라도 알아야지. 버스를 타고 다닐 때면 알파벳으로 된 간판들을 읽기도 한다. 부산에서 본 간판 두 개가 기억나는데, 하나는 카페 라비아˚와 여성복 전문점 마담 폴라Madam Polla였다. 폴라Polla는 스페인 사람들에게는 남성의 성기를 지칭하는 말이다.

˚ rabia는 스페인어로 '분노'라는 뜻.

*

오늘은 영화제에 참석하는 걸 포기하고 한국에서 내가 가장 좋아하는 장소에 갔다. 한국에서, 특히 부산에서 여러 찜질방에 가 보았다. 한 번은 신세계 백화점의 찜질방에 갔었다. 유별나게 과장되어 있고 뭔가 위협적인, 쓸데없는 규칙이 많은 곳이었다. 처음에 갔을 때는 문신을 새긴 사람은 받지도 않았다. 지금은 그렇지 않다. 내가 가장 좋아하는 찜질방은 바다 바로 옆에 있는 찜질방으로 오늘 내가 간 곳이다. 입구에서 돈을 내면 열쇠와 수건, 찜질복을 받아들고 탈의실로 가서 옷을 완전히 벗는다. 옷을 보관하는 동안 주위를 둘러보니 4, 50대 남자가 대부분이었다. 아이도 없고 노인도 없었다. 평일인 금요일 오후 다섯 시였기 때문이다. 이제는 당당하게 옷을 벗고 돌아다니지만 처음 남탕에 들어갔을 땐, 몸에 걸친 거라곤 옷장 열쇠가 걸린 고무 팔찌 달랑 하나라 무척 수줍었다. 다양한 나이의 남자들과 홀딱 벗고 완전히 개방된 목욕탕에서 샤워하는 데 익숙해지기까지는 몇 분이 걸렸다.

차가운 물로 샤워를 먼저 했다. 그리고선 온탕과 미네랄 소금탕을 오가며 몸을 담갔다. 마지막으로는 바다가 보이는 작은 야외 온천탕에 들어갔다. 남자 둘이 대화를 하는 동안 나는 태양 쪽으로 얼굴을 들고, 다양한 계층의 사람들이 자연스럽게 섞여서 살아가는 이 나라가 주는 소소한 기쁨들을 생각했다. 아니 어쩌면, 이 다양한 사람들의 알몸에도 계급과 빈부의 차이가 새겨져 있는데 나라서 구분을 못 하는 걸 수도 있다. 실내로 다시 들어와 차례로 탕에 몸을 담군 다음 사우나실에 들어갔다. 그러고 나와서 샤워를 했다. 작은 플라스틱 바구니에 샴푸와 면도 크림, 면도기, 빗, 로션 등을 담아 집에서 가지고 온 남자들도 있다. 나는 공용 샴푸와 비누를 썼다. 옷장 근처에서 헤어드라이기를 쓰는 사람들을 보았다. 몸의 털이란 털은 모조리 드라이기로 말리고 있었다. 다른 층의 여자들도 저렇게 하겠지, 라고 혼잣말은 했지만 그 여자들의 알몸을 볼지도 모른다는 기대나 그에 따른 성적인 충동 같은 건 전혀 일지 않았다. 아마 이런 연유로 나에게 찜질방은 나 자신을 비우는, 명상을 위한 공간이다. 여기에서는 물과 수증기 외엔 아무것도 중요하지 않다. 거리로 나와 블랙커피를 마시며 담배를 한 대 피웠다. 깨끗해진 기분으로 나의 보금자리 서울로 돌아갈 준비가 된 것 같았다.

*

"한국인들은 업그레이드된 중국인일 뿐이지." 일본 라면집에서 한 스페인 남자가 상대방에게 하는 말을 듣게 되었다. 30분 동안 쉬지도 않고, 누가 자기가 하는 말을 이해할 거라고는 상상도 하지 못한 채 거만한 투로 떠들어댔다. 만약 영국인이 스페인 사람들은 다운그레이드된 프랑스인이라고 말하는 걸 그 남자가 들었다면 기분이 어땠을까? 루이스 보르헤스가 했던 말이 갑자기 떠올랐다. 출처는 불분명하지만 지금 상황에 딱 맞는 말이다. "스페인 사람들은 의구심을 거두는 사람을 향해 침착하고 크게 떠들어댄다."

*

한국 가게 대부분에서 틀어대는 패스트푸드 음악 K-Pop을 대하는 두 가지 태도와, 이웃 나라와의 관계를 설명하는 두 가지 입장. 일본에서는 한국 걸 그룹을 보이콧하자는 시위를 하는 단체가 만들어진 한편, 중국에서는 K-Pop 팬들이 돈을 모아 홍대 지하철역 전광판에 광고를 싣는다. 그 지하철역은 정말 많은 사람이 오가는 곳이다. 아마 한국에서 가장 복잡한 역일 것이다. 내가 본 광고판에는 화려한 중국어 서체로 동방신기 멤버의 생일을 축하한다는 글이 적혀 있었다.

K-Pop은 돈을 쓸어 담기도 하지만, 이들을 좋아하는 팬들을 활용해서 한국을 홍보하기도 한다. 청년 실업률이 뉴스가 되는

가운데, K-Pop의 우수함을 자랑스럽게 홍보하는 글이 한국 정부 기관 공식 홈페이지에 걸려 있는 걸 보고 깨달았다. 그 글을 갈무리하면 다음과 같다. "K-Pop 그룹은 평범하고 사막 같은 일상에 오아시스와 같은 위로를 준다. 어릴 적 추억을 일깨우는 타임머신이자 지난 세기는 끝나고 새로운 시대가 도래했음을 알리는 팝컬처의 메신저다. 그런데, 우리는 어째서 추억과 평화를 갈구하는 우리 자신을 부끄러워해야 하는가?" 나라면 여기에 이렇게 덧붙일 것이다. "GS25 편의점에서 매일 라면으로 때우는 저녁 식사를 하기 전에 말이다."

*

토요일마다 KBS에 나가게 되었다. 이유는 모르겠지만 나는 항상 이상한 뉴스만 읽는다. 이번에는 김정은이 자신의 고모부와 고위직 인물들을 제거했다는 소식을 마이크를 통해 전달했다. 다음에는 홍콩발 황색신문이 이들이 마지막으로 끌려간 곳이 어딘지 안다는 소식을 전했다. 개밥이 되었겠지. 저 북쪽의 공산주의 국가에 대해서 서양이 가지고 있는 왜곡된 환상을 부추기는 근거 없는 소문이 먼지처럼 퍼지고, 나는 그 뉴스들을 읽는다. 이런 류의 소문은 대개 대중의 증오를 정당화하고 북한의 진짜 문제, 즉 그들의 끔찍한 고립을 마주하는 것을 방해한다. 여전히, 어떻게 애덤 존슨Adam Johnson이 《고아원 원장의 아들The Orphan Master's Son》을 쓰고 2013년 퓰리처상을 받았는지 궁금하다. 이 미국인 작가는 북한에 딱 5일 여행한 후 탈북민들의 인터뷰를 모아서 알게 된 정보들로 400페이지에 달하는 소설을 썼다. 외국인들만 허용되는 평양 투어를 다녀온 결과였다. 소설이 개밥이 된 남자로 끝난다 해도 놀라지 않을 것 같다.

*

며칠 전부터 매일 출근하는 수정에게 내 휴대전화를 준다. 그러면서 한국어 학원에 가기 전에 와이파이를 꺼달라고 부탁한다. 나는 너무나 나약하고 태만하다. 인터넷을 완벽하게 차단하지 않으면 절대로 일을 진척시킬 수 없다. 두 번째 소설을 썼을 때가 기억난다. 그때도 혼자 있기 위해서 여러 곳을 찾아다녔다. 아침마다 반 야생마의 힐떡이는 소리에 잠을 깨던 콜롬비아의 산속 농장, 문학 레지던시로 갔던 미국 새러토가의 튜더풍 맨션의 한 방, 스페인 살라망카의 학생들이 주로 묵던 원룸. 하지만 그중에서 가장 독특했던 건 부산에서 애용했던, 작은 책상과 의자 그리고 램프 하나가 전부이던 방이다. 하루에 4,000원이면 모든 유혹으로부터 피할 수 있었다. 독서실에 들어가서 신발장에 신발을 벗어 넣고 실내화를 신은 뒤 방으로 들어간다. 수능 공부를 하는 어린 한국 학생들의 책상과 나무 칸막이로 나누어진 내 자리에 앉아서 컴퓨터를 켠다. 수도원 같은 고요와 인터넷이 절대 뚫리지 않는 벽. 가끔 정원으로 나가 바닷바람을 맞으며 담배를 피운다. 그날의 할당량을 채우면, 3시간 간격으로(점심시간에는 잠깐 쉰다) 글을 쓰고 퇴고 한 내가 자랑스러워졌다. 하지만 곧바로 평소 이렇게 스스로 원칙을 두고 일하지 못하는 나 자신이 부끄러워졌다.

오늘 같은 날이 있다. 수정이 평소보다 할 일이 많아 밤 10시, 11시에 들어오는 날이다. 업무 막판에 회의가 있거나, 길에서 마주친 친구와의 갑작스러운 저녁 식사 때문이다. 이런 날에는 초조함이 내 속을 쥐어짜기 시작한다. 책도 읽었고 글도 썼고 자전거도 탔고 화장실 청소도 했고 책을 좀 더 읽었고 저녁거리도 사러 갔다 왔고 오면서 영서 전문 서점에 들러 신간들도 훑어보았지만 아직 인터넷을 쓸 수 없다. '골목'에 가서 위스키를 한잔할까 생각했다. 딱 한 잔이면 좋으련만, 보통 한 잔이 끝나면 두 잔, 그러다가 친구가 나타나기라도 하면 몇 잔으로 늘어난다. '인제 어쩌지?'라는 질문이 귓속에서 울린다. '인제 어쩌지?' 짙은 공허감 속으로 가라앉으며, 밤의 일부가 창문을 통해서 나를 지켜본다. 나를 보지 않고도 바라본다.

*

늦어진 두 건의 급여가 우리의 세상을 폭파해버렸다. 이번 달에는 벼랑 끝에 매달린 기분이다. 육지에 도착할 때까지 노를 젓고, 젓고 또 저어야 한다.

*

마리화나를 한 대 피우고 싶다. 어항처럼 반짝이는 눈으로 패브릭 소재의 일인용 소파에 파묻히고 싶다. 나 자신으로 가득 찬 생각에 지쳤다. 소주 다섯 병 아니, 여섯 병, 일곱 병을 비우고 만취할 수도 있다. 한국 사람들이 하는 것처럼. 하지만 지하철역 입구에 토하거나 길가 벤치에 누워서 밤을 끝내는 일 따위는 하고 싶지 않다. 상냥한 약이 필요하다. 시름을 잊게 한다는 네펜테나 망각을 불러온다는 올비도와 같은 고대 신들의 약. 나 자신을 손질하고 잠시나마 스스로에게서 벗어나 머릿속의 감옥에서 탈출하기 위해서는 그 약이 필요하다.

*

종종 길에서 얼굴을 전부 가린 중년 여성들과 마주친다. 해를 차단하는 비행접시 모양의 챙이 달린 모자로는 부족한 듯하다. 눈을 제외한 나머지를 가린 마스크도 쓰고 있다. 손에서 팔까지도 역시 토시로 가려져 있다. 물론 다리도 마찬가지다. 1밀리미터의 살도 햇볕에 드러내지 않겠다는 의지다. 극도로 보수적인 무슬림 국가에서 살게 되면 이들의 마음이 놓일까나.

*

항상 수도승의 삶이 궁금했었다. 내가 알기로 한국의 승려들은 여름에 6주, 겨울에 6주 이렇게 일 년에 두 번 극한의 명상을 한다. 이 시기에는 하루에 10시간씩 방석 위에 앉아 꼼짝하지 않는다. 밥을 먹거나 화장실에 갈 때만 일어난다. 그런 이유로 조계종에서 발행하는 불교 잡지의 편집장에게서 템플스테이 제안을 받았을 때, 얼떨떨하면서도 감사한 기분이 들었다. 서울에서 다섯 시간, 선운사라는 절에서 주말을 보내기로 했다. 무엇보다도 템플스테이 초대는 타이밍이 최적이었다. 지난 며칠간 나는 전혀 집중을 못 하고 있었던 데다 부정적인 생각들이 머리 꼭대기에서 나풀거리는 밤들을 보냈기 때문이다. 이 나라에 발을 들인 것이 고성소에 떨어진 건지, 속죄를 위함인지 생각한다. 나의 죄가 무엇인지 정확하게는 알 수 없지만 말이다. 물 없이 건너는 사막일까? 수백 년 간 곰이 겨울잠을 자는 동굴일까? 아니면 자동 연소라는 행복한 가능성일까? 잘 모르겠다.

*

토요일 오전, 조계사 근처에서 사람들을 만났다. 수정, 편집자, 작가, 사진가 그리고 나까지 다섯 명이 함께 가는 것이었다. 차에 올라타 강변북로를 따라 달렸다. 서늘한 한숨 같은 공기가 도는 이 강이 없었다면 서울은 지금의 서울이 아니었을 것이라고 한강을 볼 때마다 생각한다. 영원한 덫이나 지옥의 문 같았을 것이다.

얼마 지나지 않아 도시를 벗어났다. 차창 너머로 얼마 후면 완성될 교외 아파트들을 짓고 있는 공사 차량들을 보았다. 서울 시내에 집을 살 형편이 되지 않는, 중산층의 가족들이 최대한 편안하게 살 수 있는 공허한 신도시다.

절에는 세 시에 도착했다. 선운사에서 같이 밤을 보낼 다른 한국인들과 곧바로 작은 방으로 들어갔다. 간단하게 안내를 받은 후 옷을 갈아입었다. 피스타치오색 바지와 같은 색의 낙낙한 면 소재의 윗도리를 입고 절을 둘러보았다. 승려들은 이런 방해에 익숙해 보였다. 15, 16살쯤 되어 보이는 어린 승려가 나의 눈

길을 끌었다. 이곳에서 저쪽으로 물통을 옮기고 있었다. 고아라서 여기에 있는 건지 자원해서 여기에 오게 되었는지 궁금해졌다. 여섯 시가 되어 저녁 식사를 했다. 밥, 미역국, 절에서 키운 채소, 배, 귤, 그리고 물. 마늘처럼 몸을 자극하는 강한 향신료는 들어 있지 않았다. 승려들은 다른 테이블에서 밥을 먹었다. 형광등 아래에서 그들의 민머리가 반짝였다. 밥그릇에 얼굴을 묻고, 피부는 하나의 거죽일 뿐 그 속에는 아무것도 없는 듯, 유체를 이탈한 것처럼 고요하게 식사를 했다. 그런 모습에서 뭔가 종교적인 신비함을 찾으려고 노력했으나, 과수원에서 일한 터라 단순히 기운이 빠진 것일지도. 밤 9시, 절 옆에 있는 한옥집 작은 방바닥에 요를 깔고 누웠다. 노승 하나가 대종을 울리며 예불 시간을 알리는 것도 보고, 절하는 법도 배우고, 다리가 덜덜 떨릴 때까지 108번의 절을 한 후였다. 지금까지는 뭔가 소풍이나 종교체험, 초고속 불교 공부 같았다. 사실대로 말하자면 조금 불편했다.

새벽 4시에 일어나 하루 중 가장 중요한 예불에 참석하러 갔다. 대웅전에는 30분 동안 같은 노래를 부르며 목구멍을 울려 낮은 소리를 내는 스무 명 남짓의 승려들이 있었다. 최면을 거는 듯한 소리는 점점 커져 나무 대들보에 부딪히며 울렸고 곧 내 모든 생각, 예를 들어서 앞에서 절을 할 때마다 보이던 한 젊은 여자의 속옷에 대한 생각 따위도 잊게 했다. 아마 그것이 목적일 것이다. 거의 죽은 듯이, 중요한 것은 아무것도 없다는 듯이, 보이는 것을 있는 그대로 받아들이는 것 말이다.

*

서울 집에 돌아와서 1979년에 출간된 《만다라》를 다시 읽었다. 파계승에 관한 소설이었다. 출가한 지 6년이 된 승려 법운은 우연히 절에서 지산을 만났다. 법운은 머지않아 술과 나태함으로부터 궁극의 빛을 찾는다고 주장하는 이 승려가 사실은 정도에서 살짝 어긋난 땡추라는 것을 알게 된다. 지산의 태도에 신물이 난 법운. 그러나 모든 불자가 그러하듯, 역시나 하나의 부처가 되기 위해 지산이 선택한 괴상하고도 솔직한 방식에 조금씩 이끌린다. 그리하여 법운은 그의 수행길에 함께 오르게 된다. 지산에 대해 생각한다. 내가 될 수 있는 유일한 타입의 승려일 것이다. 술고래 여행자 승려.

*

슈퍼마켓에서 틀어놓은 텔레비전에서 나오는 인터뷰가 내 눈길을 끌었다. 인터뷰하는 사람들의 억양이 이상하게 들렸다. 한 젊은 남자가 눈치를 채고 어눌한 영어로 말해주었다. "북한 사람, 북한 사람이에요." 그러더니 별다른 설명도 없이 문어와 게가 있는 진열대 쪽으로 카트를 끌고 가버렸다. 그래서 자력으로 그 프로그램에 대해서 더 알아보았다. 그 프로그램에 나온 여자들은 탈북민들로 한국에서 가장 보수적인 방송사의 프로그램에 나와 북한에서의 삶이 얼마나 힘들었는지를 이야기한다. 패션, 헤어스타일, 메이크업까지, 새로운 삶의 방식을 받아들인 사람들이다. 몇몇은 성형수술도 했다. 반공산주의 프로파간다의 섬세하면서도 효과적인 형상이다.

*

한국전쟁에 참전한 콜롬비아 용사와 태권도장 관장을 주인공으로 하는 소설을 쓰려고 한다는 얘기를 들은 누군가가 나에게 한 이야기를 들려주었다. 나는 듣자마자 그대로 굳어버렸다. 1996년, 콜롬비아 작가 모레노 두란이 《맘브루》라는 작품을 출간했다. 한국전쟁에 참전한 콜롬비아 용사들에 관한 이야기였다. 책에 전투에 참여하는 의사가 한 명 나오는데 그의 이름이 내 이름과 똑같은 펠리페 솔라노라는 것이다!

*

콜리지^{Coleridge}에 따르면 독서란 "자발적으로 불신을 멈추는 것"이라고 한다. 이 전제를 부정하는 독자는 반복되는 실패를 경험하게 될 것이다.

*

동네를 한 바퀴 돌고 집으로 돌아왔다. 몸을 데우기 위한 차 한 잔을 손에 들고서 한국의 빗자루들에 대해 생각했다. 한국 빗자루는 놀랍도록 짧다. 바닥을 쓸려고 등을 구부리는 자세를 떠올리기만 해도 등이 아프다. 우리 동네 노인들은 매일 아침 길거리를 쓴다. 특히 요즘은 낙엽이 길에 가득 떨어져 있기 때문이다. 모퉁이의 목련 나무에는 잎이 하나도 남지 않았다. 노인 무리가 조용하게 골목길을 청소하고 있다. 그 일을 하면서도 속으로 어떠한 보상도 기대하지 않는다. 나도 저기에 합류할까 생각했다.

*

가을 ___ 217

힘겨운 업무를 마친 한 주의 금요일 밤, '골목'에 갔다. 번역원에서 수업을 하나 더 맡았고, 신문 기사도 하나 마감했다. 거기에다 새 소설을 위한 메모도 몇 장 썼다. 더블샷 위스키와 맥주에 취하며 티 렉스^{T. Rex}, 그레이엄 내쉬^{Graham Nash}, 크라프트베르크^{Kraftwerk}의 음악을 신청했다. 두어 명의 미군이 다른 테이블의 여자들에게 말을 걸었고, 유명하다는 한 배우는 테이블에 엎어져 잠이 들었으며 레이디보이는 화장실에서 한 남자와 키스를 하다 사라져버렸다. 요가를 해서 배가 탄탄한, 나와 나이가 비슷한 바 주인 진아와 영어로 대화를 나누었다. 그녀는 가시 돋친 유머 감각과 광대가 쑥 올라가는 미소를 가졌다. 새벽 네 시, 문을 닫기 전에 진아가 위스키 샷 한 잔을 서비스로 주었다. 집에 갈 시간이 되어 뺨에 입 맞추려고 얼굴을 갖다 댔는데(진아는 외국에서 산 경험이 있어서 어색해하지 않는다) 누군가가 진아를 불러서 고개를 돌렸는지 아니면 내가 의자에서 일어서며 균형을 잃었는지 기억은 나지 않지만, 분명한 건 우리 둘의 입술이 가볍게 스쳤다는 것이다. 둘 다 아무 말도 하지 않았다.

*

나의 기억은 글을 통해서만 추적이 가능하다. 글이라는 형식을 통해서 무덤에서 나온 기억들만이 어느 정도의 모양을 갖추고 있다. 조금 더 자연스러운 방법으로 다가가고 싶지만, 단어로 붙잡지 못한 기억은 다시 죽음의 세계로 돌아가 버려 언제까지고 그곳에 남아 나를 두렵게 한다. 어쩌면 글을 쓴다는 것은, 부활의 행위 그 이상도 이하도 아닌 듯하다. 글쓰기는 나와 타인의 과거를 소생시키는 것이다.

한편으로는, 글을 쓸 줄 모를 때부터 글을 쓰고 있었던 것 같다. 다섯 살 때, 안방 문을 열어 부모님이 섹스하는 장면을 보았을 때 나도 모르게 그 장면을 머릿속에서 문장으로 쓰고 있었을지도 모르겠다. 조금 전, 겨울이 코앞에 다가온 것 같던 오늘 오후에 종로 영화관에 존 휴스턴의 영화를 보러 갔었다. 영화를 보고 싶어서 간 건지 아니면 서울 시내 영화관에서 존 휴스턴의 영화를 보러 갔다는 글을 쓰려고 간 건지 모를 일이다. 내가 선택하는 것이 진정 내가 원하는 것인지 아니면 뭔가 쓸거리가 필요하여 그 쓸거리가 될만한 무언가에 목적을 두고 순수하지 못한 동기로 선택하는 건지, 그러니까 이 모든 것이 무기력함에 대항하기 위한 아주 전략적인 이기심인지를 자문한다. 내 모든 삶이 나의 일에, 나의 글에, 내 두 편의 완결 소설에 들어 있다. 나의 여행, 그리고 아시아 여자와의 결혼에서부터 오늘 슈퍼마켓에 가는 것까지 모조리 계획된 것이다. 내 안에는 삶을 사는 남자가 있고 나는 그저 그 남자가 하는 행동을 옮겨 적을 뿐이다.

*

"나는 내가 지금 있지 않은 곳에서는 언제까지고 잘 지낼 것으로 사료된다. 그리하여 이주 문제는 내가 나의 영혼과 끊임없이 논의하는 것들 중 하나다."

_샤를 피에르 보들레르, 'Any Where Out of the World'

*

지혜 치아. 오후에 이가 아프기 시작했다. 움직이는 게 느껴졌다. 아직 두 개 정도 더 있는데 둘 다 빼야 한다. '지혜 치아'라는 이름은 라틴어 dens sapientiae에서 나왔다. 어린이 시절을 지나 지혜를 쌓기 시작하는 시기에 나는 이라고 해서 붙여진 이름이다. 한국에서는 '사랑니'라고 한다. 어째서 그런 이름을 붙인 걸까? 이 이가 나는 시기가 아니라 발치와 관계가 있는 게 아닐까? 사랑니를 뺀 빈자리의 고통이 첫사랑이 떠났을 때의 기분과 똑같기 때문이라고 추측해본다. 나는 오늘 좀 특별히 감상적이다.

*

서울에 온 지 11개월이 지났다. 그 짧은 시간 동안 어떻게 배우도 하고 번역원 심사위원도 맡고 단편소설도 쓰고 강의도 하며 라디오 뉴스도 진행하고 커피 수입까지 했는지 생각하면 놀랍기만 하다. 이번 주에는 아버지가 생산한 소량의 커피가 한국에 도착했다. 문서와 회의들, 샘플 교환, 커핑, 선박 회사와의 싸움을 뒤로하고 커피 전문가들 사이에서 알려진 홍대의 한 카페에 볶은 콩을 팔게 되었다. 암보스 문도스. 농장의 이름이 적힌 포장지를 보니 감격스러웠다. 어쩌면 커피가 미래의 나에게 경제적인 안정을 안겨줄지도 모른다. 잠깐 내 명함을 생각했다. 커피 수입상. 지금은 집에서 수정과 함께 이 짙고 부드러운 액체로 추위를 물리치고 있다. 이태원 집에서 계속 살기 위해 어떤 다른 것들을 하게 될지는 아무도 모른다. 이제 여기가 진짜 내 집 같다. 나의 책상과 나의 의자와 나의 컴퓨터. 큰 문제가 없으면 바로 이곳에서 나의 다음 책이 탄생할 것이다. 여전히 책을 쓰면서 삶을 이어갈 수 있다는 사실이 놀랍다. 계산해보았다. 죽기 전에 열두 권을 더 쓸 수 있으면 좋겠다.

*

많은 한국 소설에서 발견한 아름다운 부분이 있다. 대화하다가 침묵할 때, 그리고 질문을 받고도 명확한 대답을 할 수 없을 때 어떤 표시를 한다. 주저함이나 침묵을 명백하게 보여주고 싶을 때 필수적인 것으로, 말줄임표를 쓴다.

"연어 아니면 송어?"

"……"

"우리 여행 가야겠어."

"……"

"겨울의 추위가 두려워?"

"……"

한국에 삽니다

1판 1쇄 발행 2018년 10월 25일
1판 3쇄 발행 2023년 3월 10일

지은이 · 안드레스 솔라노
옮긴이 · 이수정
펴낸이 · 주연선

책임편집 · 최민유
디자인 · 이지선 권예진
마케팅 · 장병수 최수현 김다은 이한솔
관리 · 김두만 유효정 박초희

㈜은행나무
04035 서울특별시 마포구 양화로11길 54
전화 · 02)3143-0651~3 | 팩스 · 02)3143-0654
신고번호 · 제 1997-000168호(1997. 12. 12)
www.ehbook.co.kr
ehbook@ehbook.co.kr

ISBN 979-11-88810-64-2   03870

• 이 책의 판권은 지은이와 은행나무에 있습니다. 이 책 내용의 일부 또는 전부를 재사용하려면 반드시 양측의 서면 동의를 받아야 합니다.

• 잘못된 책은 구입처에서 바꿔드립니다.